JN090450

生きるとは

もう一人の自分探し

後藤 一敏 著

写真１　高度約100kmの月周回衛星「かぐや」からハイビジョンカメラによる「満地球の出」（JAXAとNHKによるハイビジョン映像：平成20年）　（本文29頁）

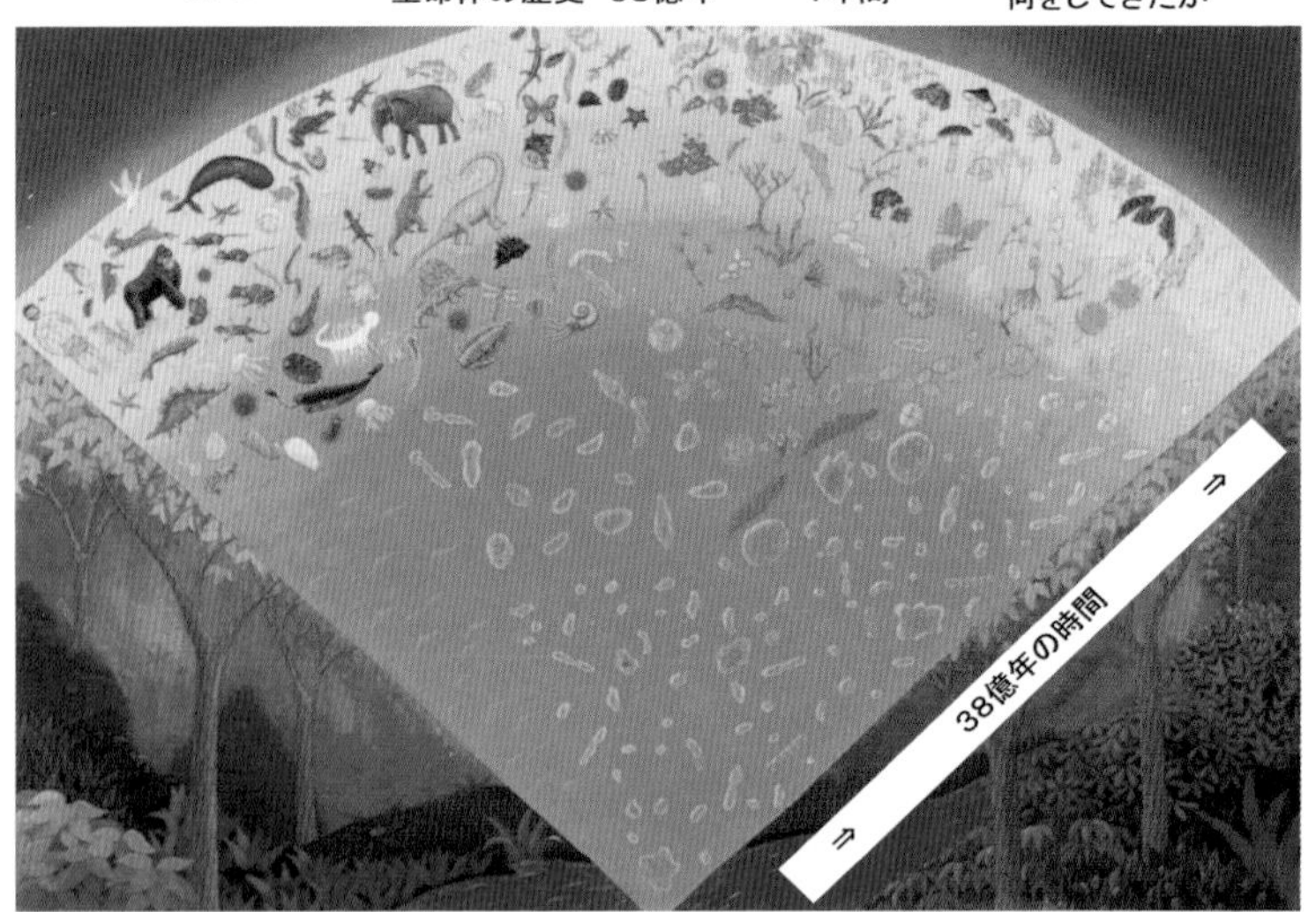

図１　中村桂子氏の「生命誌絵巻」に高田達雄氏が注釈
（元図はJT生命誌研究館提供、協力：団まりな、絵；橋本律子）
（本文30頁）

写真４　綿貫観音山古墳の埴輪群（群馬県立歴史博物館資料より）　国（文化庁保管）
（本文111頁）

写真１　人物埴輪とユダヤ教徒の比較（『発見！　ユダヤ人埴輪の謎を解く』57頁より）
（本文104頁）

ジャヤワルダナ元大統領の仏教理解

鎌倉大仏殿高徳院
「ジャヤワルダナ前スリランカ大統領顕彰碑」に託された
平和への願い

日本を救ったブッダの言葉

ジャヤワルダナ前スリランカ大統領顕彰碑

完成したパンフレット（A 5サイズ）
鎌倉大仏殿高徳院「ジャヤワルダナ前スリランカ大統領顕彰碑」に託された平和への願い『日本を救ったブッダの言葉』　（本文60頁）

慈しみ

一切の生きとし生けるものは、幸福であれ、安穏であれ、安楽であれ。
一切の生きとし生けるものは幸であれ、何びとも他人を欺いてはならない。

写真１　中村元博士が翻訳されたブッダの言葉を中村洛子夫人が書いたもの。　（本文67頁）

目次

第二章　混迷の国際社会

第三章　私たちの先祖

第四章　生きている意味を問う

第五章　人生に後戻りはない

まえがき

「生きるとは」とあらためて問い直しても、今ここに生きている自分を認識することはできますが、その意味を知ることは難しいことです。そもそも自分とは何ものかと考えると、どのように答えてよいのか分からなくなります。

自分探しは出合いで始まる

私は20代後半に縁あって、次のブッダの言葉（法句経１６０番）に出合いました。

・おのれこそ己のよるべ、よき調えし己こそ、まこと得がたきよるべなり。

この言葉が、その後の社会人生活の中で、困難や気持ちの落ち込んだ時などに心の杖となり、自分の心を支えてくれていました。

38歳の夏、松原泰道師の著した『迷いを超える「法句経」』[1]を購入した際に、頂いた泰道師のサインの中で同じブッダの言葉と再会しました。サインには「おのれこそ己のよるべ　泰道」と記されていました。本を読み終えて、仏教は生きている人のための教えであると気づいたことが、仏教との本格的な出合いでした。泰道師は本の中で、この句をはじめて読んだ人は、自分だけが自分の頼りだ、自分以外に頼りになる者はいないと受けとるかもしれませんと述べ、次のように書き直しをしていました。

・自己こそ自我の頼りである、自己を除いては、誰も私の救い手はいないのだ。

泰道師の述べる自己とは仏教で言う「本来の自己」と言われる「もう一人の自分」です。曹洞宗の道元禅師の「正法眼蔵」の「現成公案の巻」にも有名な言葉があります。

「仏道をならうといふは、自己をならふ也、自己をならうといふは、自己をわするゝなり、自己をわするゝといふは、万物に証せられるなり」

私は、この道元禅師の言葉に40代半ばで出合い感激したことが禅宗への学びの出発点でした。

人は自信過剰になったり、弱気になったりして、他人と摩擦を起こし、悩み苦しみを生むことになります。「私」という自己中心的な自我の念に気づいた時に、自分を見つめ始め、この自我の強い自分の底に埋もれているもう一人の自分が本来の自己だと理解します。

日常の生活は自分中心の自意識を持って人と関わっています。この自意識の中にいつも変わらない「私」がいて、相手と自分を比較して私の方が優れているとの思い込みが働くのです。

視野を広げてわが身を見る

本来の自己の探究をサポートしてくれるのが、ブッダの教えである仏教です。

ブッダは人間本来の心を発見し、欲望や欺瞞、自惚れ、猜疑心などにより汚れている心を改善し向上するための教えを説いています。その心と一体となって支えているのが身体です。身体は物質ですが、この身体があって心があるのです。視界を広げて見ると、地球を生み出した宇宙創成の138億年の歴史の流れの最先端に私達はいることになるのです。生きていることを考える時、自然の恵みの中で生かされている自分を見出すことが大切です。

60歳定年の頃に、母親に認知症が発症し、両親の世話に時間を使えるようにと会社勤めを辞めました。認知症が進行する母を見ていて、少しずつ人格が崩れていくのを見て、「生きるとはどういうことか?」と考えさせられました。その後、坐禅会の仲間と始めた輪読会で、科学的な視点を入れて仏教の教えを考察し、月一回の輪読会資料として作成しています。その8年間の資料をもとに『生きるとは何か』と題して本にまとめました。[2] そこでは生きている身体と心は一体であるが、身体は自然の摂理により「私」の関与することもなく自立して活動していることを知りました。しかし、日常生活で「私」を演じているのは心の働きで、心の思うままに活動しています。仏教は心の働きについての教えです。

自分探しの長い旅

仏教書を読む傍ら、坐禅会への参加と法話聴講、瞑想実践のセミナーへの参加、中国の仏教寺院巡礼の旅、インド仏跡参拝、ミャンマー、スリランカでの瞑想実践と仏跡参拝などを通して少しずつ理解を深めました。

一方、自然な身体は宇宙の成り立ちと地球の誕生進化の中で語られるものです。これらのことは、仏教の無常、無我などの教えをベースに置いて、科学の専門書を読むと、科学的な現象が仏教理解に繋がることが分かりました。

1つの専門分野を深めるのも大切ですが、視野を広げて見ることで、固定観念でものを見ていたことに気づき、囚われが解消され、ものの見方が変わってきたと感じています。

月一度毎に書き続けた資料は、その時々の社会的な出来事を入り口として、人間の営みに仏教の視点を加味して考察したものです。それぞれが独立した内容です。まとめるに当たり、再構成し、大幅に加筆修正をしました。その中で、取り上げた話題が前後するところもありますが、敢えて修正はしておりません。個々の話として読んでいただければと思います。

第一章は「生きていることの不思議」と題して、仏教を学ぶ時に参考となる科学的な主な基礎事項を先の『生きるとは何か』からその概要をまとめました。人間が宇宙の中でどのような位置にあるのか、生命は宇宙のリズムと共振し、自然と一体となって存在していることなどを述べています。

第二章の「混迷の国際社会」は、構成している人間の特質から生み出される営みそのものです。人間とは何ものか、各方面の専門分野の言葉の中に人間の特質を調べました。しかし、人間の根本には素晴らしい「慈悲の心」があることも知りました。その心により苦境を乗り越える努力をしています。

第三章は「私たちの先祖」についての考察です。古墳時代の埴輪に武人埴輪とだけ言われていたものが、ユダヤ系渡来人であるとの見解を知って、興味を持ち現地調査をしました。その結果、古代の歴史が身近に感じられ、私達は古代からの繋がりの中で現在があるとの認識に到達しました。

第四章は「生きている意味を問う」と題して、生まれる時期や国や環境は自分から選ぶことはできないことを述べました。何時の時代でも民衆の心を掴むのはその時代の新興宗教です。旧約聖書の中に「人生は束の間であるからこそ意味がある」との言葉があります。平凡で無事である当たり前が素晴らしいと気づくことです。無常の流れの中で、生かされていることに感謝して、今を生きることです。

第五章は「人生に後戻りはない」ことを述べました。日々変わる身体と取り巻く環境を見つめると無常を強く感じます。しかし、以前あった出来事は、姿を変えて同じようなことが繰り返されます。生老病死は人間を含む生き物にとっての真理です。老いに向かい人格を高めていくことの素晴らしい事例を見ました。上に立つ指導者の器により人々の幸不幸が決められる現実があります。世の指導者が「思いやりの心」を持つことができれば平和な世界の実現が可能です。

生きるということは、この身心は自然に生かされていることに気づき「私がいる」との思いは幻想であると知ることです。

参考文献

（1）松原泰道師が秋彼岸会法要の後、玄関先で参列の皆さんにご挨拶している横の机上に発刊直後の『迷いを超える〔法句経〕』（1984年8月）が積み上げられていましたので購入して頂いたサインです。

（2）『生きるとは何か』では仏教と科学的事例の関連を第一章で「仏教の根本には科学がある」、第二章では「自然が育む身体と心」と基礎的なことを前半で記述しています。

第一章　生きていることの不思議

私たちは何処から来て何処に行くのでしょうか。知らぬまに、母親から生まれ成長して今ここにいて、当たり前のように日々の生活をしています。「私」や「あなた」という存在が、現在何事もなくこの場所で、活動していることを不思議に思うことはほとんどないと思います。広大な宇宙に漂う地球という環境の中で、命ある生物として動植物に囲まれて生活しているのです。

少し振り返ってみてください。昨日、一週間前、一年前の自分はどうでしたか。昨日と今日では、いくつか働きはしましたが、身の周りに大きな変化はなく、同じような日常を過ごしましたが、ほとんど変わったと思いません。この一週間は何をしていたか覚えていますか。特別な出来事がない限りは漠然とした記憶しかありません。一年前は、10年前は、50年前はと辿っていってもすっかり忘れていて、日記でも付けていないと思いだすことはできません。過去を振り返ってあの時にこうしておけば良かったとか、もっと親切にしていたらと悔やんでもやり直しはできません。しかし、過去に経験したことは、良いことも悪いことも、脳内には記憶として蓄積（どの程度かは分かりません）されていて、今の私の想いや考え方や行動に影響を与えているのです。過去の出来事や未来を予測することも、現在の時間に包含されています。

この第一章では仏教を理解するために助けになる科学的知見を２０１９年に上梓した

『生きるとは何か　仏教の根本には科学がある(1)』から基本的な見方を中心に要約しました。

一　人生で長い日は今日の一日

今日の一日は、実感として時間の経過を感じることができます。当然のこと、今ここに生きているからです。長い時を過ごしてきた過去は、記憶の一瞬の出来事として過ぎ去ってしまいます。生きている今の状態をありのままに観察していると、一瞬一瞬に時が過ぎ去っていることに、気づけると思います。だが、漠然と目の前の出来事に心を奪われていると、すべてのことが後戻りすることのできない大切な今を見過ごしてしまいます。

この身体は、数分や数時間という短い時間では、その変化を感じ取ることができませんが、ある時にふと鏡の中の自分と対面して、白髪が増えた、目じりにしわの多い、老いている自分の姿に気づき時間の流れを感じます。

今日まで、多くの経験を積んできた身体は老いて、病気になり、死にゆく肉体です。この肉体は物質ですが、一体となって身体を動かしている心は眼に見えませんし、触ることもできません。しかし、確実に身体と一体となっていて、生活を取り仕切っています。

私たちは眼でものを見て、耳で音を聞き、鼻で匂いを嗅いで、舌で味を感じ、身体で外界と感触し、意で意味を判別して、外の世界と関係を持っています。それによって私という実体があると錯覚し、常に同じ私がいると思っています。しかし、身体や心は絶えず変化している無常の姿であり、取り巻く環境も同じように刻一刻と変わっていると知ることができます。

過ぎ去った過去も、まだ来ない未来も、生きているこの時に凝縮されて今があることを思うと、この一日は活動できる最も長い時間であると感じます。後にも先にも現実は今しかありません。個人にとって、生きてこの世に存在しているのは、今日の一日です。

仏教では、あらゆるものは変化して止むことのない「諸行無常」であり、「諸法無我」であると説いています。２６００年前にブッダが6年間の苦行の末に、人間の身体と心の関係がどのような仕組みなのかを明確に見極めています。「こころ」に対して深く掘り下げた教えに唯識学があります。

二　あらゆるものは心を離れて存在しない

眼の前にあるものを、客観的事実として見ていると思っていますが、それは過去に蓄積された経験や知識に基づき認識しているのです。私たちが接する外界のあらゆるものは、心を離れて存在しないと唯識では説きます。

唯識は人間の心を、表層の心（意識している心）と、深層の心（意識下の無意識の心）の重層構造として捉えています。表層の心は眼で見て知る眼識（第一識）、耳で聞いて知る耳識（第二識）、鼻でに匂いを知る鼻識（第三識）、舌で味わって知る舌識（第四識）、身体の触覚で知る身識（第五識）があります。更に知識、感情、想像などの意識（第六識）で構成されています。第一識から六識までをまとめて前六識と呼んでいます。

それに対して深層の意識下には末那識（まなしき）（第七識）と阿頼耶識（あらやしき）（第八識）の二つの層があります。末那識は自分に執着した自己中心的な自我の心と定義しています。第八識の阿頼耶識は過去の出来事や経験を貯め込んでいる蓄える心です。

唯識は人の心を〈八識〉のものとして捉えた人間観です。内容が深く簡単な説明が難しいので、詳細は解説書に譲ります。ここでは太田久紀氏の『「唯識」の読み方』[2]を推薦します。少し分厚いですが、分かり易くて詳細に解説されています。太田氏の本から、人間を知るための言葉として、阿頼耶識の中の二つの教えを記述します。

・ものを見る目を深めよ。深めるよりほかに、深い外界を見ることはできない。（62頁）

漠然と見ていてはそのものの本質は見えない。例えば、書道を習い、書の墨線の鋭さ、リズム感、濃淡の変化、余白などの深みなどが見えるまでに、長い鍛錬が必要であることを知りました。見る目を深めるよりほかに、その書の良さは見えてこないことを身をもって体験しました。これは何事にも通じることと思います。当たり前に見える景色の中にも、詩人には詩情が感動を持って迫ってくるようです。

青いお空の底ふかく、
海の小石のそのように、
夜がくるまで沈んでる、
昼のお星は眼にみえぬ。
　見えぬけれどもあるんだよ、
見えぬものでもあるんだよ。

この詩は金子みすゞの「星とたんぽぽ」の詩の一節です。26年のあまりにも恵まれない生涯でしたが、素晴らしい詩を多く残しています。

「見えぬものでもあるんだよ」と豊かな詩情を持っています。このような詩が書けるのは高学歴の知識があっても決して書けません。脳の深部の阿頼耶識に蓄えられた詩情の深さによるのでしょうか。

・過去の経験とは、一人ひとりが別々の経験を積み重ねているのだから、一人ひとりが別の阿頼耶識において生きていることだ。つまり、人は〈個〉として、かえがえのない独自の人生を生きていることである。過去の経験の集積としての統一性を持ち、連続した同一性を持って生きていることである。（74頁）

・だが、〈個〉の同一性は紙一重の差で、自我の実体化と隣あっている。相似相続の自分がどんな〈個〉の形をとっていたとしても、それを固定化し実体化する錯誤を犯してはならぬのである。（77頁）

人は皆それぞれ生まれた国や育った環境や親から受け継いだＤＮＡ（遺伝子）が異

なり、違った生活環境の中で活動しています。個人としては、誰とも異なる経験を積み重ねて、その人の人格が形成することになります。その中で「私」という自我は常にある実体として固定化してはならないと教えています。

阿頼耶識は最も深いところで過去の経験を蓄えていますが、その上にあって働くのが末那識です。末那識は「思い量る」という意味なので、思い量るのは、自分の都合です。ただひたすら自分のことだけを思い量る我執の心です。何事も、自分を中心に考えているのです。

私はかつて管理職をしていた時に、公正にものごとを判断しようと思っても、さっと自分の都合が割り込んでくることに、気づいた経験をしています。老境の今でも自分の都合が入り込んでいます。

仏教で利他心を持つことの大切さを説いていますが、実際は自分という意識を捨てきるのは難しいことです。個の自分を実体化し、固定化してしまいます。自分という実体はないと知ることが仏教の教えです。それにはあらゆることに無常の姿を認めて、実感することです。無常の流れの中で「私」という概念や意識が薄れていくことを体感することが求められます。

三　自然と一体である人間

私たちは、日常、生活する上では自然から独立した存在であるかのように思っています。自分が好きなように思考し、活動できるので、特別のことがない限り、環境についての意識はしないと思います。しかし、よく見てください、あなたはどこにいますか。都会の高層マンション、田園の住宅街、山里の一軒家など、どこにいても、空気や水や太陽の光、田畑で採れる米や野菜、飼育されている牛や豚、鶏などの動植物からの恵みがなければ生きていられません。自然の中にどっぷりとつかり一体であると、意識することもなく生活しています。

人間は動物ですから生きるためにはエネルギーが必要で、そのために餌を求めて歩き回る。植物は自身で太陽光と二酸化炭素（CO_2）と水でデンプンなどのエネルギーを作り出しています。動く必要がないから田畑や森林が形成されていて、人間が排出する炭酸ガスは植物のエネルギー資源となり、循環が成り立っている。人間は植物から切り離すことができないパートナーなのです。更に、人間や動物の死骸や植物の落ち葉や倒木は腐食して地中にいるバクテリアが餌としてこれらの有機物を分解し、無機物として土に還している。自然界はこのように素晴らしい循環が成り立っていて、バクテリア、植物、動物のどれか一つが欠けても地球は成り立たないとのことです。詳細は藤田紘一郎氏の本[3]を読んでみてください。学ぶことが沢山あります。

四　宇宙の中の人間

宇宙の中で奇跡的な星である地球の誕生を振り返ってみます。

地球は宇宙の中の一つの星です。宇宙は、最新の宇宙科学の成果では138億年前に誕生したと言われています。その後、急速に膨張を続けながら温度を下げ、やがて原始銀河が生まれ、その中で星が誕生します。地球も多くの星々の一つです。写真1は月の地平線から昇る青い地球です。背景の暗黒の宇宙は太陽が放出する光電磁波（光子）で満たされているとのことです。この暗黒の宇宙に浮かんだ地球上で我々の生活は営まれています。

地球上にどのようにして生命が誕生した

写真1　高度約100km の月周回衛星「かぐや」からハイビジョンカメラによる「満地球の出」（JAXA と NHK によるハイビジョン映像：平成20年）

か、高井研氏の解説(4)によれば46億年の歴史を持つ地球に生命が誕生したのはおよそ38億年前の深海で生命活動は存在していたとのこと。太陽光のエネルギーを使って光合成生物が現れて、地球規模の生態系を支えるようになったのは30億年前くらいであると述べています。

この宇宙が創り出した元素で、地球上の人間や動植物や鉱物など森羅万象のすべてが構成されています。私たちは宇宙が用意した元素で出来ていますから、宇宙の構成要素と同じであり、生み出されたすべての生命は、生命進化の一本の系統樹から枝葉としてわかれた仲間です。

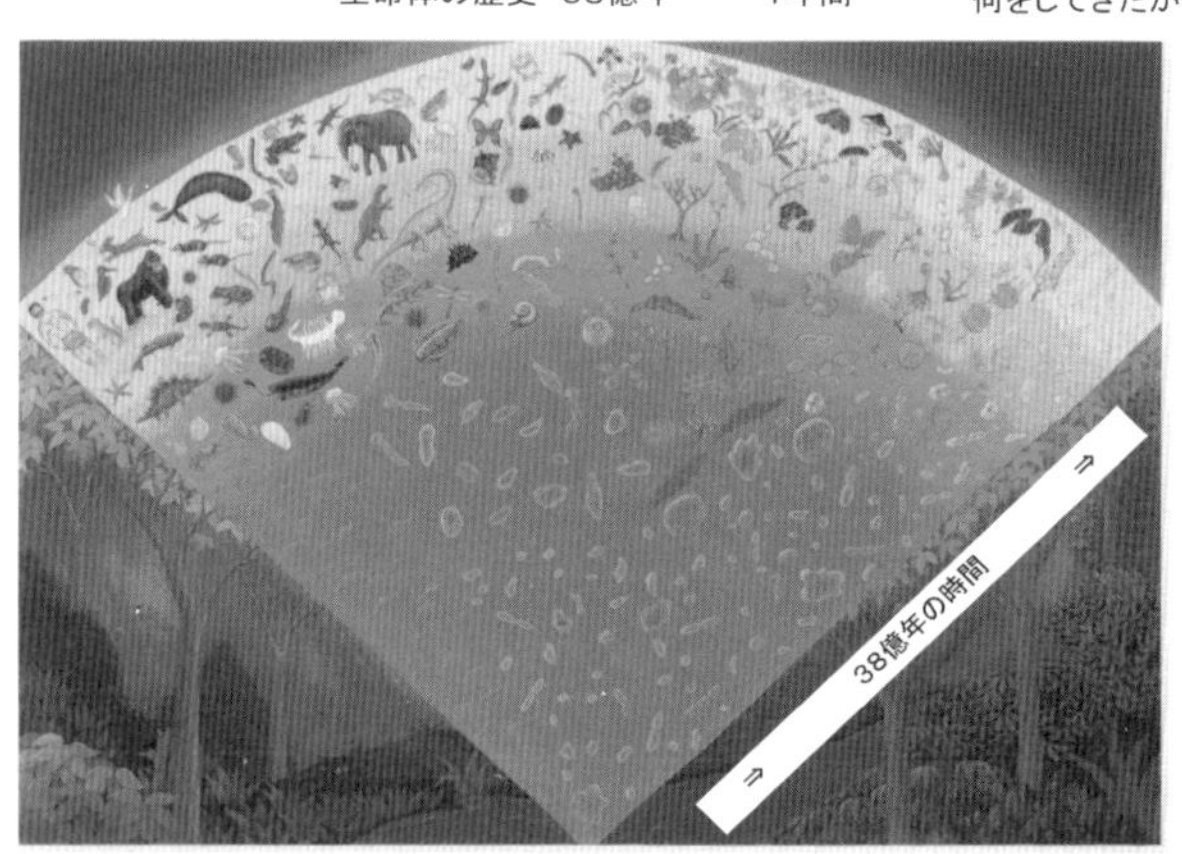

図１　中村桂子氏の「生命誌絵巻」に高田達雄氏が注釈
（元図は JT 生命誌研究館提供、協力：団まりな、絵；橋本律子）

この関係図を模式的に示した生命誌研究者の中村桂子氏の「生命誌絵巻」に電磁気学の専門家である高田達雄氏が「電磁波のすばらしい世界[5]」で人類は光電磁波（光子）エネルギーで生かされ、進化してきたとの思いを込めて注釈を記入した図1を作成しています。この図で見るように太陽からの光電磁波エネルギーによって、生命体の38億年の歴史を経て３０００万種の生命体と人類も発生させています。しかし、近代化の歴史２４０年は、生命誕生の38億年を1年とした時たった2秒間です。この短期間に、人類は裕福になり、急速な人口増加をし、２０２２年には80億人に達しています。その結果、限られた資源を浪費し地球環境を著しく破壊し、その上、資源や領地の奪いあいをして尊い人命を損なう愚行をしています。

五　宇宙の中で、人間はどのような位置にあるか

概略のイメージを藤田貢崇著『ミクロの窓から宇宙をさぐる』[6]から図2に示します。図の中にある人間の大きさ10^0（1メートル）を中心にすると、極大の世界と、極小の世界の中間位にあることが分かります。極小と極大を構成する素粒子は同じものなのです。人と地球の大きさの比は、人の体内にいるウイルスと人の大きさの比とほぼ同じなのです。大きさを比較して見ると身体の中にも小宇宙が広がっています。

地上にある原子は、素粒子である電子と陽子が結合し、陽子の数とそれに対応する電子の数によって、水素や酸素のような気体や、鉄や銅などの重い金属などになります。これらの種々の原子が地球を構成しているのです。

原子が結合して分子になり、分子が結合した高分子はアミノ酸やタンパク質などの種々なる要素となります。これらの要素から、細胞が形成され、人体を構成します。人間の細胞は60兆個あると言われています。これらの細胞がそれぞれの分野で連携し、調和して、分解と生成をくり返し機能を維持しています。人間は、このように地球上で人の意向と関係なく自然が創り出したものです。

広大な宇宙の中で、太陽と月と地球の関係が私たちの生命リズムと深い関係にあります。

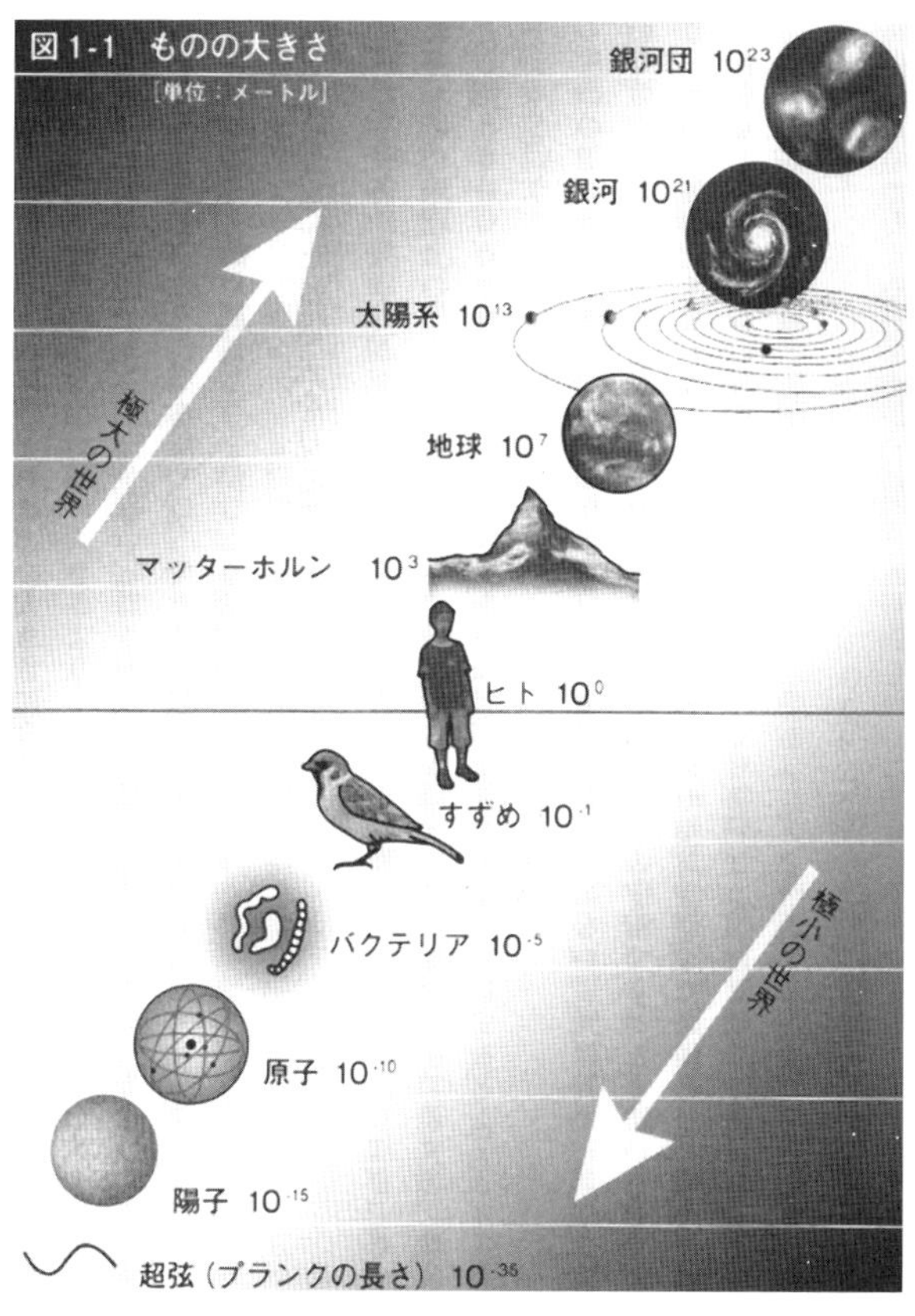

図 2　ものの大きさ（藤田貢崇『ミクロの窓から宇宙をさぐる』より）

六　生命と宇宙リズム

宇宙の中の太陽と月と地球の関係が私たちの住む地上にも大きな変化をもたらし、身体、特に内臓と心にも大きな影響を与えています。

地球は自転しながら太陽の周りを公転しています。地球の自転軸が23・4度傾いていますが、これは月の引力によります。これにより北半球が太陽の方に向いたり、南半球が太陽の方に向くことで、夏や冬の季節変化が生じます。特に日本は四季の変化が豊かに訪れ、生活に潤いと変化をもたらしています。更に、月が地球の周りをまわる間に、地球も太陽の周囲を公転しているので、満潮や干潮があり、月の満ち欠けも起こります。吉田たかよし氏が分かり易い解説[7]をしていますので読んでみてください。

内臓と心の関係について三木成夫氏は『内臓とこころ[8]』で、内臓は「小宇宙」であると述べています。

・すべての生物は太陽系の諸周期と歩調を合わせて「食と性」の位相を交代させる。動物では、この主役を演ずる内臓諸器官のなかに、宇宙のリズムと呼応して波を打つ植物の機能が宿されている。原初の生命球が〝生きた衛星〟といわれ、内臓が体内に封

入された〝小宇宙〟と呼びならわせられるゆえんである。（65頁）

私たちの意識が働かなくても、この身体は呼吸し、血液は循環し、脳の活動も支えてくれています。作物も太陽の周期である春夏秋冬の四季によって作付けが変化し、春になれば小鳥は子孫を繋ぐため巣作りをします。宇宙が生み出した循環の素晴らしいシステムはこのように意識することなく、宇宙のリズムと同調しているのです。そのこともしっかりと認識しておくことが大切です。

七　絵に描いた餅では味を実感できない

テーラワーダ仏教のスマナサーラ長老は長いこと日本で仏教の真髄を説いています。長老の本[9]から言葉を頂きます。

・集中力を上げて観察すると、ありのままの現象を認識することができます。無常を経験します。そして実践者は、煩悩が起こらない状態を期待するようになります。存在とは固定し止まったものではなく、川の流れのようだと経験するのです。今までの理解と、無常を発見した時の理解は相当違います。発見したという気持ちは巨大な力です。（１８０頁）

ありのままの現象とは、固定しているように感じている現象もよく観察すると、常に変化している現象であると気づくことができると言うのです。その結果、この世には常に同じ状態であるものは何もないという「無常」を経験することができますと説いています。料理本を隅々まで読んで理解しても、実際に調理して味わってみないと本当の味は分からないし、感動することもない。冷暖自知という言葉がありますが、水を飲んでみなければば冷たいか温かいかは体得できません。無常も同じことが言えます。体感しないとこの真理を理解したとは言えません。

仏教書を読んで多くの知識を得ると分かったような気になりますが、それは頭で理解しただけです。そのままでは絵に描いた餅です。仏教で説かれている善い教えも、実践しなければ人格の向上に寄与しません。

スマナサーラ長老が言われるように実践して無常を発見することが大切です。最近やっとこの道理が分かるようになりました。日常の行動の一つ一つが、川の流れのように、先へ先へと押し流されていると実感しています。

〝この世界の全てのものが、留まることなく変化している無常の姿である〟

〝我々の身体も心も無常である〟

参考文献

（1）後藤一敏著『生きるとは何か　仏教の根本には科学がある』（サンガ、2019年）
（2）太田久紀著『唯識の読み方　凡夫が凡夫に呼びかける唯識』（大法輪閣、2007年）
（3）藤田紘一郎著『寄生虫博士のおさらい生物学』（講談社、2005年）
（4）高井研著『生命はなぜ生まれたのか　地球生物の起源の謎に迫る』（幻冬舎新書、2011年）
（5）高田達雄原著、児玉浩憲編著『電磁波のすばらしい世界―携帯電話から光合成まで―』（電気学会、2010年）
（6）藤田貢崇著『ミクロの窓から宇宙をさぐる』（NHK出版、2017年）
（7）吉田たかよし著『宇宙生物学で読み解く『人体』の不思議』（講談社現代新書、2013年）
（8）三木成夫著『内臓とこころ』（河出文庫、2013年）
（9）アルボムッレ・スマナサーラ著『無我の見方　『私』から自由になる生き方』（サンガ新書、2015年）

第二章　混迷の国際社会

一　人間とは何物か

1　国際紛争は自国優先のゴリ押し

最近の国際政治状況を見ると、超大国間の自国優先のゴリ押し外交により世界の平和は著しく損なわれています。ここでは具体例を挙げませんが、譲り合いなどと言う心の働きは少しも感じられません。超大国と言っても、所詮はトップに立つリーダーの人格で決まってきます。しかし、そのリーダーを決めるのも、私たち一人一人の心の働きです。

歴史的に見ても、過去から現代に至るまで、そこでは一人のリーダーの人格がすべてを決めています。現代では、世界を泥沼の戦争に導いたドイツのリーダーであるヒトラーを思い浮かべれば十分です。人間は獲得した知能によって、日常生活を楽にして、苦労しないようにと、科学知識を駆使して情報通信や大量輸送や航空網などを可能にして、便利な社会を作りました。一方、自国だけの利益と権利を保持しようと、相手を大量に殺戮する戦争の道具としての、核爆弾も大量に保有しています。最悪の兵器である核爆弾を落とされた日本では、今年（２０２２年）で戦後77年を迎えました。国民が核兵器廃絶の声を大にして叫んでいても、被爆国の日本が核兵器禁止条約に調印していない現実もあります。このような矛盾に満ちた国際政治状況でも、解決に向かうには、まわり道かもしれませんが、人間の特性とは何か、心のあり方に戻り再考をしたいと思います。

心のブレーキの利かない人たち

人類は霊長類のトップに君臨して、地球上を我がもの顔で占有しています。鳥のように空を飛べることも、魚のように水中を自由に泳ぐこともできませんが、大脳の発達により思考する能力を獲得して、空も水中も自由に移動できる手段を手に入れています。だが、この思考する心を自身で制御しきれないところに大きな問題を抱えています。

現在でも無差別殺人やストーカー行為などの状況は変わっていません。ストーカーをする犯人には若い男性が多いようです。相手の女性から交際を断られると、執拗に交際を迫り、自分勝手な妄想をつのらせ、その感情が憎悪に変わり、殺人にまで至っています。

小さな子供などでも、いったん目にしたおもちゃがほしいとなると、大きな声で泣き叫びながらほしいほしいと駄々をこねて母親を困らせている光景を見かけることがあります。子供なら何とか母親が気をそらせるようにして諦めさせることもできます。

しかし、一人住まいの若者や大人など、周囲に相談できる人や助言してくれる人がいない場合は、思い込むと自分の感情を制御するすべも知らず、妄想がどんどんと膨らんでいきます。そうして最終的に、前後の見境もなく殺人にまで突き進んでいるのではと思います。ストーカー行為をする彼らは、自らの「心」について考えたこともなく、心が暴走しそうな時に、ブレーキとなる思い（引き起こされる結果に考えが及ぶこと）や感情（悲しんでくれる人の思いに気づく）が脳裏に浮かばないのでしょう。子供の時から豊かな人間関係の中で育つと他人を思いやる心が醸成され、抑制する心を得る機会がありますが、彼らにはその機会がなかったことと思います。

2　ブッダの言葉に心の働きを知る

自分の心の働きを知り、その心を抑制することは誰にとっても難しいことです。しかし、既に、２６００年前にブッダは人間の心とはどのようなものか悟っています。ブッダの言葉を中村元訳『ブッダの真理のことば　感興のことば[1]』の第三章の「心」の項に耳を傾けてみます。

・心は、動揺し、ざわめき、護り難く、制し難い。英知ある人はこれを直くする。弓師が矢の弦を直くするように。

・心は、捉え難く、軽々とざわめき、欲するがままにおもむく。その心をおさめることは善いことである。心をおさめたならば、安楽をもたらす。

・心は、極めて見難く、極めて微妙であり、欲するがままにおもむく。英知ある人は心を守れかし。心を守ったならば、安楽をもたらす。

蛇足ですが、私なりに言い換えてみます。坐して心静かに自分の心を観察すると、ちょっとした出来ごとにも心は動揺し、ざわつくことに気づきます。我が子が病気になったり、交通事故にあったりした場合などは、心は大きく動揺し、不安感で騒めき、押しつぶされそうになります。動揺する心を護り、抑えることは非常に難しいことです。

更に、心は捉えどころがなく、いとも簡単に騒めきます。その上、欲望の赴くままに行動してしまいます。そのような心を治めることは素晴らしく善いことです。心を善く制することができれば、安楽な気持ちになることができます。心とはどのようなものなのか、智慧があり理解している人は心の平安を得ることができるのです。

・心は遠くに行き、独り動き、形体なく、胸の奥の洞窟にひそんでいる。この心を制する人々は、死の束縛からのがれるであろう。
・心が煩悩に汚されることなく、おもいが乱れることなく、善悪の計らいを捨てて、目ざめている人には、何も恐れることが無い。

読んだままの分かり易い内容です。心は遠くに離れた人のところにも馳せ参じることができ、独り勝手に動き回ります。決まった形もなく、何時もは胸の奥に潜んでいます。この心を制御できる人は、死の恐れからも解き放されることができるのです。心に煩悩がなく、想念や妄念で乱れることもなく、善いこと、悪いことなどを思案判別する心を捨て去っている人は、何も恐れることがなくなるのですと説かれています。

ダンマパダとは「法句経」といわれる、ブッダによって説かれた真理の言葉の集成です。このブッダの言葉にあるように、心はなんとも捉え難く、治め難いものです。それゆえ、法句経の最初の対句は、すべては心にもとづいてなされると教えています。

・ものごとは心にもとづき心を主とし、心によってつくり出される。もしも汚れた心で話したり行ったりするならば、苦しみはその人につき従う。……車をひく（牛）の足跡に車輪がついて行くように。

・ものごとは心にもとづき心を主とし、心によってつくり出される。もしも清らかな心で話したり行ったりするならば、福楽はその人につき従う。……影がそのからだから離れないように。

心の保ち方で、苦しみが生まれたり、幸福になれたりすると教えています。すべては心の働きによって生み出されるのであるから、清らかな心を持ち、行動するように努めるように説いています。

3　生物学から見た人の特性

かくも難しい心を持った人間とはどのような生き物なのか、現代の生物学の視点から書かれた本を読む機会がありましたので参考になるかと思い紹介します。

池田清彦氏の『人間、このタガの外れた生き物[2]』は生物学から見た鋭い人間観察をしています。人の特性を生物学的に見ると、戦争をする生物であり、自然破壊をする動物で、遺伝的には同じようなものであるが、行動する中で大きな差異が出てくると述べています。

戦争する生物

・殺し合いをする動物というのは、人間以外はほとんどいない。人間が一番そういうことをする。おそらく他の高等霊長類とか、高等動物は戦争しない。（10頁）

人類は有史以来、他人の富や領土を奪い合う戦争をして、殺し合いをしています。歴史の本を繙けば、大帝国を築いた秦は数十年、ローマ帝国は数百年で消滅し、その後も国盗り合戦は続いて、勃興と消滅をくり返しています。過去の大戦の教訓から国際連合ができて、大国の強引な理屈により、侵略戦争が起こるとは誰もが思っていなかった。しかし、ロシアのウクライナへの進攻が起きました。高等な霊長類である人間は「戦争する生物」であるとは現代にも当てはまる真実です。

人間は自然破壊をする動物である

・我々人類は生物の多様性を減少させているとか言うけれど、人間が生物の多様性を減少させるというのは今に始まったことではなくて、人間がアフリカを出てからずっとそうだということだ。人間が新しく侵入した所では、高等な動物はかなり絶滅させられている。（25―26頁）

人類は古代から文明を生み出し発展してきたが、文明はそのまま自然破壊に繋がる側面を持っています。人は領土を占有し大帝国を作っても絶えず外敵に怯え、守りを堅固にするために巨大な城壁を築き外部との境界を設けています。城壁造りには、大量の日干しレンガと共に焼きレンガが使用されている。中国の万里の長城のような長大な城壁にも石材やレンガが多量に使用されています。レンガを焼成するためには多くの木材が必要であり、そのために広大な森林伐採がなされたであろうと推測できます。人類文明は最初から森林の伐採により自然破壊をし、生物の多様性を減少させているのです。

遺伝的変化は低いが、行動的変化は高い

・みんなが思っているほど、人と人との間の遺伝的な差異は大きくない。人間、誰しも似たようなものだといえば似たようなものだ。いろいろな違いがあるのは、人間の場合は遺伝子だけでは行動が決まらないからだ。脳が大きくなって、脳の可変性というか、フレキシビリティがすごく高いので、同じ遺伝子的な組成は持っていても、違うことをいくらでもする。（46頁）

人間と猿との遺伝子の違いは1％と言われています。人と人の差は99・9％同じであり、一人一人に特有なものはごくわずかであるとの報告があります。残りのわずかな部分に目の色や特定の病気にかかりやすいかどうかのあらゆる情報が入っているとのことです。人は脳が大きくなって、言葉を使い深い思考もでき、文化文明を築いてきました。

しかし、人間の本能である「戦争する生物」を抑制することができていません。脳の可変性が大きいということは、努力しだいで変えることができるのです。本能に支配されている欲望や怒りなどの感情、更には、権力や名誉などの欲望をコントロールすることができる可能性があるのです。ブッダの言葉で示されたように、清らかな心で話したり、行動するならば戦争などは起こりません。

4　パスカルの観察した人間の特性

私たちは、自分だけは災害や事件に遭わないと楽観していて、いずれ必ず襲ってくる死という現実に目を背けての日暮しをし、目の前に死が迫った時に、慌てふためく生活をしています。未曾有の震災があったのに、その教訓はかなり薄らいでいます。

また人間は、何もしないでじっとしている生活には耐えられないので、何かしらすることを見つけて動き回っています。好きが高じて野球やゴルフ、囲碁や将棋に人生を託す人や、忙しく働きづめで過ごしてきた人などさまざまです。会社を退職して、自由な時間ができたのに何をするか迷う人もいれば、これから人生を楽しもうとしたが、思い半ばで病に倒れる人もいます。このような現代の私たちに、当てはまるパスカルの言葉に出合いました。

パスカルといえば「人間は一本の葦にすぎない。(中略) しかしそれは考える葦である」という名言が知られています。それがパスカルの『パンセ』(思索) という本にでてくる言葉であると知っている人も多くいると思いますが、私は最近になって『パンセ』に出合いその思索の深さに感動しました。パスカルは1623年フランスに生まれた科学者であり、哲学者でもある天才ですが、39歳の若さで病死しています。『キリスト教護教論』を書くために書き溜めていた草稿が死後発見され、関係者により整理し、纏められたのが代表作『パンセ』とのことです。300年以上前のフランス社会とキリスト教がベースになっているが、当時の人々の生き方を洞察して、人間の本質を突いた深い思索をしています。鹿島茂『『パンセ』で極める人間学[3]』から引用します。

何かしないではいられない人間の性

・人間のあらゆる不幸はたった一つのことから来ているという事実を発見してしまった。人は部屋の中にじっとしたままではいられないということだ。……それはわたしたちの宿命、すなわち、弱く、死を運命づけられた人間の条件に固有の不幸にあるのだ。それは、さらによく考えれば、慰めとなるようなものがまったくないほどに惨めな状態なのである。

・彼らは考える。もし、あの地位を得ることができたなら、そのあとは喜んで休息を取ることにしよう、と。彼らは知らないのだ、自分の欲望がどれほど貪婪（どんらん）な性質をもっているかを。だから、自分は心の底から休息を欲していると思い込んでいるのだが、実際に求めているのは、興奮することなのだ。（断章139）

断章139では、人は危険な冒険をしたり、領土争いの戦争をする人間の特性を鋭く観察しています。あくことない欲望で、高い地位や名誉を得るためのさまざまな行動をするのは、現状に満足できず、絶えず興奮を求めて、何かをしていないと不安であり、落ち着かないことが原因であると。なぜ部屋にじっとしていられないかは、人の存在は弱く、死が運命づけられていて、その不安を慰めるようなものがまったくないほど惨めな存在であるので、その不安から逃れるために、さまざまな行動を起こしてしまう。このことがあらゆる人間の不幸を引き起こす原因であると。

何もしない状態ほど耐え難い

・人間にとって、完全な休息の中にいながら、情念もなく、仕事もなく、気晴らしもなく、神経を集中させることもない状態ほど耐え難いことはない。そのような状態にあると、人は虚無を感じ、自分が見捨てられ、不十分で、他に従属しており、無力で、空っぽであることを自覚してしまう。そして、たちまちにして、魂の奥底から、倦怠が、暗黒が、悲しみが、傷心が、怨恨が、絶望が湧きでてくるのである。（断章131）

断章131から見えてくる現代人の病状は、最近の無差別の通り魔殺人や殺傷事件などの犯人に現れているように思います。社会がグローバル化して、海外に工場を移し、企業として収益を上げるために、国内の若年労働者は派遣切りされ、日雇いなどの、先の見えない労働が増えています。そのような状態に置かれている彼らの心の闇を見る思いがします。フェイスブックやツイッターなどのインターネットで繋がると、見かけは多くの仲間がいるように見えますが、顔と顔を合わせてのコミュニケーションがない社会の中では孤立してしまう。そして、虚無を感じ、無力で、役に立たない自分を自覚すると、他者への恨みと、絶望が心を支配して、誰かれかまわず凶器を振るう無差別な暴力行為にはしるようになるのだと感じます。

気晴らしの人生

・わたしたちのみじめさを慰撫してくれるただ一つのものは気晴らしである。ところが、まさにこれこそがわたしたちのみじめさの最たるものなのである。なぜなら、気晴らしをしていると、わたしたちは自分のことを考えないですみ、気がつかないうちに自分をだめにしてしまうからだ。気晴らしというものがなければ、わたしたちは倦怠に陥るだろうが、その倦怠はわたしたちをして、そこから抜けだす最も確かな方法を模索させるはずだからである、それなのに、気晴らしをしていると、わたしたちは楽しいために、気がついたときにはもう死がそこまで来ているのである。（断章171）

断章171から、人間は、避けることのできない死（病死もあれば事故死もある）があることを知っています。そのことを考える苦痛から逃れ、先延ばしする自分のみじめさを紛らわすために、気晴らしをしていると言っています。毎日楽しく日暮しをしていると、気が付いた時には死が目の前に迫って慌てふためくことになります。人間以外の動物は将来の死を思い煩うことはないので、ある意味では幸せです。しかし、まだ来ない未来を思い悩むのは、考える葦である人間の宿命です。人間のしていることは自己の本質を探求すべきことを避けて、目先の欲望を満たすための行動ばかりしている。それはすべて、気晴らしにすぎないと言っています。

幸福になる準備ばかりしている

わたしたちは現在を生きているのではけっしてなく、将来を生きることを希望しているだけなのだ。そして、いつもいつも幸福になる準備ばかりしているので、現に幸福になることなどできはしないのもまた必然なのである。（断章１７２）

断章１７２は、私たちは、現在をしっかりと見据えることをしないで生きています。将来のことばかり考え、くるかどう分からない幸福を期待して、夢を追いかけている私たちのあり方を指摘しています。生きているという現実は「今・ここ」にしかないことを認識すべきです。過去は過ぎ去って今ここにはなく、未来はまだ来ていないし来る保証もないことを知るべきです。

パスカルは、人は静かに部屋の中で休息して、くつろぐことができないことに、あらゆる不幸の原因があると言っています。キリスト教では、このような心の働きに対して、どのような教えをしているか、ここでは言及していません。

仏教では、われわれ凡夫の煩悩まみれの心の働きについては、唯識などに詳しい教えがあります。また、静かな部屋の中でくつろぐことのできる修行（坐禅）も教えています。

限りない欲望を制御して、自己を確立せよと説いています。気晴らしの活動も、心の持ち方を変えるだけで、修行に繫がります。

5　このような見方ができる聖書

ほうっておいたら何をするか分からない人間、それを制御するために作られたのが聖書であるとの見方があります。山本七平著『日本教の社会学』(4)の中に、なるほどと頷ける記述を見つけましたので参考として示します。山本七平と小室直樹の対話の中で、小室が述べている言葉です。

不自然きわまりのない契約が聖書

・ユダヤ教やキリスト教やイスラム教の考え方からすれば、宗教というのはまず不自然であるべきなんですね。自然のままでいいなんていっていたら宗教なんて出てきっこない。聖書は裏返して読めば不聖書なのであって、人間は自然のままほうっておいたらどんなに悪いことをする動物であるか、その例示で全巻が構成されていると言っても過言ではない。

・それを制御するのが神との契約なのですが、これも自然のなりゆきにまかせおけば、人間は絶対に神との契約を守らない。そこで、神は預言者をつかわして警告し、もし神との契約が守られないのであれば、ユダヤの民を罰し、亡ぼそうとさえする。つまり、自然に価値があるのではなしに、神が作為的にきめた不自然きわまりのない契約にのみ価値がある。（107頁）

聖書とは神と人との契約の書であり、人は悪いことをする動物で、勝手気ままな行動をさせないように神に縛りつけるための契約書との見方は頷けるものがあります。生物学から見た、人間の特性を、旧約聖書の時代に生きていた、砂漠の民の先人たちは、的確にその本質を見抜いていたように思いましたが、考え過ぎでしょうか。人間とは生物学的な視点で見ると戦争をする生物で、あっという間に世界中に拡散し、行く先々で自然破壊をしている動物であると考えられています。残念ながら、現在の世界状況を見ると、指導者の資質が影響していると思える国際的な紛争が多くあります。また、聖書に由来する宗教（ユダヤ教、キリスト教、イスラム教）に於いては、宗派間に激しい対立があり、中東紛争の一因でもあります。

人間の特性は、なんとも厄介なものです。多くの人が幸福になるのを願っていても、人が自然界の秩序を破壊したことで、新型コロナウイルスの攻撃を受けパニックになっています。また、ＩＴの発展に対してもウイルスを作り、情報通信網の破壊工作する悪質な人間が発生します。心の底に渦巻く、金銭欲や名誉欲、権力欲などの強い欲望がある限り、この地上から紛争が絶えることはないと思えます。

参考文献

（１）中村元訳『ブッダの真理のことば　感興のことば』（岩波文庫、１９７８年）
（２）池田清彦著『人間、このタガの外れた生き物』（ベスト新書、２０１３年）
（３）鹿島茂著『『パンセ』で極める人間学』（ＮＨＫ出版新書、２０２２年）
（４）山本七平著『山本七平全対話４　日本教の社会学』（学研、１９８５年）

二　慈悲のこころ

私は、仏教の勉強をして断片的には多くの知識を蓄積しましたが、単なる知識としてあるだけでは日常の行動への影響は少ないと感じています。ブッダの教えの根本は何か、雑然と記憶されている説法の中から掴むのは難しいことです。ある場面に遭遇して、それに適した必要な言葉が、こころに沁み込んでいないと行動に結び付くことはありません。

1　ブッダのこころを体現したジャヤワルダナ元大統領

ブッダの言葉が素晴らしい力を発揮した歴史的な事例として、75年前の戦後の日本の国際社会復帰を討議したサンフランシスコ講和会議でのジャヤワルダナ元スリランカ大統領の演説をあげることができます。

ジャヤワルダナ師は、52ヶ国の代表者に向かい、日本の真の独立は、ここに提案されている条約を承認することで可能となると言われました。しかし、強力に反対する国もあり、その承認を難しくしていたのです。スリランカは当然賠償する権利を有するが、その権利を行使しないと言明し、その根拠として、ブッダの「憎しみは憎しみによっては止まず、ただ愛によって止む」との言葉を信ずるからですと発言されています。

このブッダの言葉はヒマラヤを越え、チベットから中国を経て最後に日本に及んでおり、現在も脈々と存在していることを、会議に先立ち日本に立ち寄って確認してきたとも述べています。更に、ブッダの教えに従いたいとの希望に満ちている印象を感じたので、我々はその機会を日本人に与えなければならないと訴えているのです。

演説の2日後（1951年9月8日）に条約は承認されました。40年後の1991年4月に、この歴史的事実に感動した多くの方々により、鎌倉大仏殿高徳院に「ジャヤワルダナ前スリランカ大統領の顕彰碑」が建立されました。ジャヤワルダナ元大統領の演説の全文を、縁あって読む機会に恵まれた私（著者）は非常に感動して、是非とも多くの皆さんに知ってもらいたいとの思いでパンフレット作成を思い立ちました。

2020年9月にはコロナ禍などがあり、発行が遅れ遅れになっていたパンフレットが完成しました。パンフレットは鎌倉大仏殿高徳院のホームページにPDF資料としてアップされ、どなたでも読むことができます。そのパンフレットで触れることができなかった、ジャヤワルダナ元大統領の演説の根本にある「慈悲のこころ」と、その背景について少し踏み込んで述べます。

ジャヤワルダナ元大統領は後日、来日した際に仏教に関した講演をしています。私が評価できるようなレベルではありませんが、仏教の理解は非常に深いと思いました。

2　ジャヤワルダナ元大統領の仏教理解

ジャヤワルダナ元スリランカ大統領はサンフランシスコ講和会議（1951年）に出席する前に日本に立ち寄り、数日間であるが日本の仏教界の指導者と会うことを切望し、幾つかの寺院を訪問し鈴木大拙博士と会談しています。その時の元大統領の質問に対する大

完成したパンフレット（A５サイズ）
鎌倉大仏殿高徳院「ジャヤワルダナ前スリランカ大統領顕彰碑」に託された平和への願い『日本を救ったブッダの言葉』

拙の答えが講演録に残されています。上坂元一人氏の『大仏さまと愛の顕彰碑　ジャヤワルダナ元スリランカ大統領と日本』[1]によると1991年に顕彰碑建立の記念式典で訪日された際の特別講演「スリランカと日本における仏教」の中で詳しく記録されています。以下は、講演録からの引用で、文中の私：ジャヤワルダナ師、彼：大拙師です。

注（小乗仏教という表現は現在使われていません。テーラワーダ仏教と言います）

・私は日本に於ける仏教の歴史やその習慣に通達した鈴木大拙博士の言葉を、特に覚えております。私が、日本で行われている大乗仏教とスリランカで行われている小乗仏教との違いを彼に問いましたところ、彼は「何故、相違点を強調するのですか？どうして、共通点を考えないのですか？」と答え「両者は、仏陀を師と仰ぎ、法（ダンマ）を仏陀の教えとし、サンガ（僧伽）を、献身的な僧たちの組織で法を実践し説くためのもの、としております。両者は、現象に関する教えの主な法則を、即ち、諸行無常・一切皆苦・諸法無我、を受け入れています。一切の形成されたものは、無常である。一切の形成されたものは自由ならざる境地にある〈苦〉である。一切の形成されたものには、〈我〉なるものなどはない。ブッダは、四聖諦を、即ち〈苦の真理〉・〈苦の原因の真理〉・〈苦の滅尽の真理〉・〈苦の滅尽に導く道の真理〉を説きました。

サールナートで説いた『転法輪経』の中で八正道を説いたのです。
スリランカに於いてだけでなく、世界中で、大乗仏教と小乗仏教を実践する仏教徒は、これらの教えを受け入れています。違いは、その教えの実践方法と、各々の国自体の宗教的教義・習慣の仏教への習合にあります。例えば、日本では、仏教に習合した神道があります。スリランカでは、仏教の中にヒンズー教の教えや儀式が数多く混入しているでしょう。」

私は、これは公平な論評であると思いました。（132頁）

その後、スリランカの仏教と日本の仏教について専門的な話をされています。またこの演説の中で、日本仏教に関して次のような見解も述べています。概要を記します。

・仏教徒としての生き方の出発点は、「生は苦である」と認識することから始まります。日本人は、仏教を、「大いなる魅力を持った人生に関する哲学で、優美な風習に富み、理想に富み、精神の平安を得る気高い方法」であると理解しました。仏陀は、苦の真理を説きながら、苦から解放され、極楽へ到達する方法が、仏教を受容した各々の国々で、各々の国民の精神に適するように変えられて行ったのであります。……禅宗は、菩提達磨を祖としております。……鈴木大拙博士は、「我々を簡素な生活に誘う禅の極致は、本質的に、自分自身が自分自身の主として存続し続ける才能に有り、そして、〈隠された徳〉と呼ばれるものの実践にある。その極致とは、内的な満足の気持ちによって、他者からも自分自身からも報酬を求めずに善を為すことである。」と述べております。……しかしながら、禅の生活の核は作務ではなく、瞑想にあります。瞑想の目的は、真の叡智である「智慧」を得ることであります。そしてこの目的こそが、日本人であろうとも、ビルマ人であろうとも、セイロン人であろうとも、総ての仏教徒の目的なのであります。（１４０頁）

ジャヤワルダナ元大統領は真の仏教徒であり、仏教の核心を明確に理解していると思いました。更に、大統領就任後、１９７９年に来日した際の宮中晩餐会で、心温まるスピーチをしています。

・講和会議において、私は日本に代わって、我々が共に信奉する仏陀の言葉「憎悪は憎悪によって止まず、愛のみによって止む」を引用しつつ「日本に対して寛容であれ、日本を罰することなかれ」と心から訴えました。……１９６８年の二度目の訪日の際には、日本は一変して非常な繁栄の中にありました。そして今日、日本は奇跡的な復興をとげ、豊かな世界の先進国であります。しかし、私は物質的繁栄のみが文明のすべてとは言い得ないと考えます。人為による巨大な建造物が消滅し、痕跡すら留めなくなった時にも、依然として人々の心にあるのは、丁度二八年前、私がサンフランシスコに於いて引用した仏陀の言葉でありましょう。日本に於いても、世界の国々においても、世俗の権力の輝きが必然的に消えてゆく時が来ても、依然として人々の心に深く根付き、子々孫々に至るまで人々の基準となるのは、この日本の寺々から広がる理想であり、僧侶が実践している瞑想の行であり、その敬虔な教えでありましょう。

（155頁）

なんとありがたいメッセージでありましょうか。根底に「慈悲のこころ」を持ったジャヤワルダナ師だからなしえた偉業であり、今日でも国民の一人として感謝の気持ちが湧き上がります。しかし、ジャヤワルダナ師は2度目の訪日で、繁栄した日本の危うさを感じていると思いました。

3　中村元先生の到達した「慈悲のこころ」

今回作成したパンフレットの後半は、中村元先生の世界平和への願いです。中村元先生は顕彰碑に碑誌を刻し、そこには「21世紀の日本を創り担う若い世代に贈る、慈悲と共生の理想を示す碑でもあります。この碑から新しい平和な世界が生まれでることを確信します。」と願いを書かれています。

しかし、建立以来29年も経ると、大仏参拝者の多くは、碑の存在に気づくことなく行き交っています。この度、縁あってジャヤワルダナ元大統領の顕彰碑に出会いました。その直後に、演説の全文を読む機会があり、これは是非とも多くの若い人たちにも、もう一度、読んでいただきたいとの強い思いでパンフレット作成を始めました。演説の全文だけの紹介では物足りず、東方学院の前田理事長に、中村先生について書いていただきたく原稿をお願いしました。前田先生はご多忙の中、引き受けてくださり、「世界の平和を願った中村元先生」と題した素晴らしい原稿を頂きました。

そこには中村元先生の強い世界平和への願いが込められていました。善いことは重複して読んでも深く心に届きますので、パンフレットの中の一文をここに再度引用します。

・世界のだれも試みたことのない普遍的な思想史『世界思想史』全四巻の最終的な結論

として、中村先生は次のように申します。

「われわれは以上の考察によって人類の一体なることを知りえた。思想の種々の形で表明されるけれども、人間性は一つである。今後の世界は一つになるであろう。今日では従前のいかなる時期におけるよりも更に異なった文化圏の間の相互理解が敏速に行われている。……世界の哲学宗教思想史に関するこのような研究が、地球全体にわたる思想の見通しに役立ち、世界諸民族間の相互理解を育てて、それによって人類は一つであるという理念を確立しうるにいたることを、せつに願うものである。」と、このように中村先生は、その強い願いを、次世代に託してその『世界思想史』を結んでおられます。……そして中村先生は、平成5年、ある講演会の折、「人間の永遠の真理というものは何かということになりますと、それは人々に対する温かいこころということが言えると思うのです。」「これは仏教の伝統的な言葉で申しますと慈悲ということですね。ここに教えの真髄が極まっているのではないかと思うのです。」と、力強く、聴衆に語りかけられました。

中村先生が最後に到達されたものは「温かなこころ」、それは仏教の言葉で言えば「慈悲」でした。「慈しみのこころ」でした。これは仏教の教えの真髄であると中村先生は言われます。ジャヤワルダナ師のこころと中村先生の思いが共鳴しているように感じました。

先生の亡き後、この言葉は墓石に刻まれましたが、２０１２年10月10日に出身地の島根県松江に開館した中村元記念館の裏手の大塚山に、下の写真１に示すような「慈しみ」の石碑が建てられました。

慈しみ

一切の生きとし生けるものは、幸福であれ、安穏であれ、安楽であれ。
一切の生きとし生けるものは幸であれ、何びとも他人を欺いてはならない。

写真１　中村元博士が翻訳されたブッダの言葉を中村洛子夫人が書いたもの。

たといどこにあっても他人を軽んじてはならない。
互いに他人に苦痛を与えることを望んではならない。
この慈しみの心づかいを、しっかりとたもて。

慈しみは誰のこころにもあります。しかし、こころに怒りや憎しみ、妬みなどがある時には慈しみは生まれません。慈しみの種を蒔き、育てることが大切です。どのようにするのか、テーラワーダ仏教では「慈悲の瞑想」として実践されています。スマナサーラ長老が指導している慈悲の瞑想を次ページに示します。日本テーラワーダ仏教協会の機関誌『パティパダー』の裏表紙よりコピーしました。

実践方法についての助言が記載されています。
この瞑想法を実践するうえで大切なのは、心を込めて念じること、そして継続することです。決められた時間や場所はありません。朝目覚めた時や夜寝る前、移動のバスや電車の中などのわずかな時間にも、是非心を落ちつけて念じてみてください。

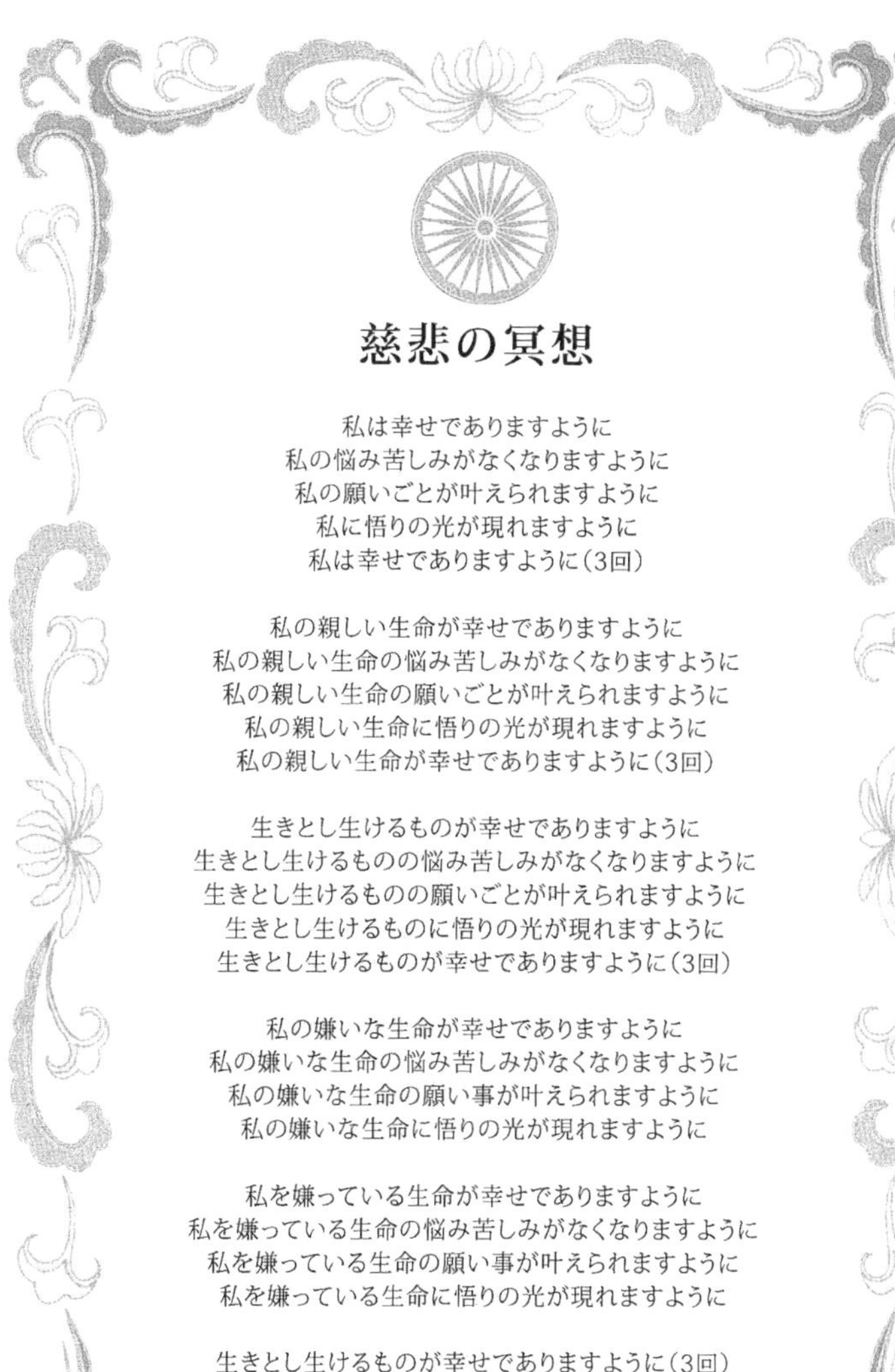

慈悲の冥想

私は幸せでありますように
私の悩み苦しみがなくなりますように
私の願いごとが叶えられますように
私に悟りの光が現れますように
私は幸せでありますように（3回）

私の親しい生命が幸せでありますように
私の親しい生命の悩み苦しみがなくなりますように
私の親しい生命の願いごとが叶えられますように
私の親しい生命に悟りの光が現れますように
私の親しい生命が幸せでありますように（3回）

生きとし生けるものが幸せでありますように
生きとし生けるものの悩み苦しみがなくなりますように
生きとし生けるものの願いごとが叶えられますように
生きとし生けるものに悟りの光が現れますように
生きとし生けるものが幸せでありますように（3回）

私の嫌いな生命が幸せでありますように
私の嫌いな生命の悩み苦しみがなくなりますように
私の嫌いな生命の願い事が叶えられますように
私の嫌いな生命に悟りの光が現れますように

私を嫌っている生命が幸せでありますように
私を嫌っている生命の悩み苦しみがなくなりますように
私を嫌っている生命の願い事が叶えられますように
私を嫌っている生命に悟りの光が現れますように

生きとし生けるものが幸せでありますように（3回）

「慈悲の瞑想」（日本テーラワーダ仏教協会機関誌『パティパダー』より）

参考文献

（1）上坂元一人著『大仏さまと愛の顕彰碑　ジャヤワルダナ元スリランカ大統領と日本』（かまくら春秋社、２０１９年）

三　苦境を乗り越える人間の叡智

1　地味な研究がコロナ禍を救う

目には見えない極微の新型コロナウイルスが全世界に蔓延して、科学や医療技術が発達した今の世でも、このようなことが起こるのかと悪夢を見ているような感覚になります。新型コロナウイルスの惨事も初期対応がしっかりできていたならば、多分ここまで全世界を巻き込んだ惨状にはならなかったかもしれません。都合の悪いことは隠ぺいする人間の性質が被害を拡大させる要因の一つでもあったと思われます。

交通網が発達した現在、あっという間に欧米で蔓延し、文明が高度に発達した現代において人々の暮らしを根底から脅かしています。ニューヨークやパリ・ロンドンなどの繁華街から車や人々の流れが消えています。

この暗闇の中で、驚異的な速さで ｍＲＮＡ ワクチン開発（米ファイイザー社と独ビオンテック社）がなされ、薄明かりが射してきた感もあります。まさに人間の叡智が問われています。ワクチン開発の答えを見出したのは一人の女性の研究者でした。船引宏則氏の書いた記事（朝日新聞「論座」２０２０年12月24日）[1]を読んで感銘を受けました。大学での降格や研究費の乏しさを乗り越えて ｍＲＮＡ の活用法を見出したのです。その記事には次のような記述がありました。

・この革命的ワクチン開発を可能とする重要な発見をしたのが、当時ペンシルベニア大学でたった一人の研究室を主宰していたケイト・カリコ博士であり、ケイトさんと15年以上にわたって共同研究されてきた村松浩美博士だ。2人は、実に19本もの論文で共著者になっている。

長年の研究が実を結んだ中に、一人の日本人研究者が関係しているとはうれしい話です。このmRNAワクチンの特徴について解説されている記述の一部を引用します。

・人間の細胞内に2万種類もあるとされるたんぱく質の設計図となる情報が記録されているのが染色体DNA。その染色体DNAは、細胞内の核という構造体の中に格納されている。ところがたんぱく質の製造工場であるリボソームは、核の外側に存在している。その工場へ核内のDNA情報を伝えるのがmRNA（メッセンジャーRNA）である。こうして、DNAの情報通りにたんぱく質が作られる。

・ｍＲＮＡワクチンは、人工的に合成したｍＲＮＡを細胞内に導入できれば、直ちにリボソームでたんぱく質を作ることができる。しかも、ｍＲＮＡは染色体ＤＮＡに取り込まれることはないし、２日も経たずに分解されてしまうので安心だ。ところがこのアイデアは長い間研究者たちには不可能と考えられていた。ＲＮＡは不安定ですぐ壊れてしまうことから目的のたんぱく質を十分作ることができないことや、強い炎症反応を引き起こすことが懸念されていたからだ。実際、開発されたｍＲＮＡワクチンは、保存を超低温（マイナス70度）にする必要がある。カリコ博士は、このｍＲＮＡに巧妙な細工を施すことにより、長い間多くの研究者が越えることができなかった壁を突き崩したのだ。

日本でもワクチン接種は開始され、ファイザー社のワクチンを使用しています。このｍＲＮＡワクチンはＤＮＡに取り込まれることがないために、本来のＤＮＡに禍根を残さないところが素晴らしいところです。分解しやすいことで超低温の保存が必要なのは、利用上の扱い難さになります。

船引氏がカリコ博士へのインタビューの最後に、研究費が獲得できず、大学からも研究成果が認められず、研究を止めようかと思ったことはなかったかと尋ねたところ、次のような言葉があります。

・自分のことを評価しない人を変えるのは難しいです。自分に何ができるのかだけを考え、それにエネルギーを注ぐのです。何より大切なのは楽しむこと。

仕事や研究に取り組む極意のように思います。さすがにしっかりとした信念を持っている方です。この研究により、世界の人々がコロナ禍から解放される希望がでてきました。

2　戦場の中のオアシス（中村哲医師の支援活動）

77年前には世界中を巻き込んだ第二次世界大戦が終わり、日本の主要都市のほとんどが廃墟になりました。とどめとなる原子爆弾の投下により、一瞬にして多くの人が亡くなる悲惨な事態になるまで終わらせることができませんでした。走り始めた戦争という愚行は、暴走した列車のようにブレーキがきかず脱線転覆するまで簡単には止められません。人の持つ狂気のエネルギーは、いったん点火すると制御が難しく、燃料が尽きるまで継続するようです。繰り返しなされる人間の愚行の根底には、強い欲望や怒り、憎しみ、妬みなどの感情があります。しかし、一方では哀れみや慈しみの心を持ち苦しんでいる人に憐憫の情をそそぐことができる人もいることがこの世での救いとなります。

政情が不安定で戦乱の続くアフガニスタンの辺境の地で人々の苦悩を救ってきた日本人がいました。30年以上に及ぶ長い間、アフガニスタンの辺境の地で人道支援をしていた中村哲医師が武力勢力から銃撃を受けて２０１9年12月に死亡したことは新聞やＴＶニュースで知っていました。最近、ＮＨＫＢＳ１スペシャル「良心を束ねて河となす～医師・中村哲73年の軌跡～」（２０２1年2月17日放送）で彼の活動の軌跡を見て、人間の素晴らしさを実感しました。9年前に購入してそのままになっていた本を思いだして再読しました。中村哲氏の『天、共に在り　アフガニスタン三十年の闘い』[2]に活動の軌跡が詳しく記述されていましたので概要を紹介します。

野山を駆けて昆虫採集していた若者が内村鑑三の本『後世への最大遺物』の影響を受けてキリスト教に出会い、医学部に進学して医師の道を歩む。卒業と同時に地元の療養所の精神科医として勤めたとき、自殺を止めようとしたときに患者さんから「生きる意味」を問われたが、自分でもよく分からないと言いながら次のように答えています。

・このとき悟ったのは、「自分」や「個人」という実態があやふやなものだということである。ヒトという生物個体としての自分はあるが、精神生活においては「自分」や

「自我」と呼ぶものが、甚だつかみ所がない。「人間とは関係である」という難解なことばを理解したような気がした。哲学者で精神科医のヤスパーズは明快に述べている。「一人で成り立つ自分はいない。自分を見つめるだけの人間は滅ぶ、他者との関係において自分が成り立っている」（46頁）

さすがに自分という本質を見つめている記述です。「自分」というものは実体のない概念でしかないことが分かると、自我を張ることも少なくなり、心は落ち着きます。ヒトは一人では存在できない。他人やあらゆるものとの関係性の中で成り立っています。その後の支援活動を見ていると、中村哲医師には「自分」という思い込みはなく困窮している人たちへの慈しみの眼差しだけを感じます。

辺境の診療所開設

彼の海外での支援活動を追ってみます。始めにペシャワール・ミッション病院で7年間（1984〜90年）働いています。2009年にペシャワールの動乱で、現地活動の中心をアフガン東部のジャララバードに移しています。当時はパキスタン全土でハンセン病患者は約2万名、ハンセン病専門医は3名のみという状態の中で、赴任した病院で敢えて

「ハンセン病棟担当」を申し出ています。医療器具も満足にない野戦病院のような中で全力を尽くして働いています。

彼が赴任した1984年には国境の町・ペシャワールの直ぐ向こうではアフガン戦争が起こって、凄惨な内戦が展開してました。国境周辺は多数のアフガン難民が流入し、国境はないに等しい状況下の1986年に難民キャンプで細々と医療活動を始めたのです。しかし、無医地区はハンセン病以外に他の感染症の多発地帯でもあったので、アフガン山村に診療所の建設をします。そのために予定地住民との親交を深め、アフガン難民の青年たち20名を集めて「診療員」の訓練を開始。2年後に奥地にある予定地の調査をし、さらに奥地まで足を運んでいます。1992年11月に開設予定地の住民と具体的な交渉を開始し、12月には機材の輸送や現地からの人材の抜擢を始めるなど、慎重な準備をしながら最終的には5カ所の診療所を開設しておられます。

水を求めて

次のステップはどのように始まったかの記述がありますので引用します。

・2000年7月、ダラエヌール診療所で悲鳴を上げていたアフガン医師の建言を容れ、「もう病気治療どころではない」と、診療所自ら率先して清潔な飲料水の獲得に乗り出した。実際、病気のほとんどが、十分な食料、清潔な飲料水さえあれば、防げるものだったからである。残った村人たちを集め、深い井戸を掘る作業が始められた。

（86頁）

・井戸掘りといっても、井戸そのものは昔から現地にあった。それが涸れ、農民たちがさんざん努力して水が出ないというのであるから、一工夫が必要である。深く出来ない理由は、地面を掘ると、すぐに分かった。現地の地層は、20メートルも掘らぬうち、巨礫の層に突き当たる。子牛くらいの大きさの石が重なると、とてもツルハシでは無理である。苦労に苦労を重ねて、結局、削岩機で巨石に穴をあけ、爆薬をつめて粉砕する方法が最も功を奏した。我々は、ロケット砲や地雷の不発弾を見つけては、火薬を掻きだし、「平和利用」した。またよくしたもので、内戦中爆破が得意であった元農民兵（ゲリラ）などもいて、大いに力になった。（88頁）

現地の状況を見極めて適切な対応をしていることに感心します。結果的に彼らは2004年までに1600カ所の井戸を掘り、数十カ村の人々が離村を避けるという大きな成果を上げています。

用水路建設

だが、飲料水があるだけでは生活はできません。自給自足のアフガン農村で、農業ができないことは致命的です。厳しい旱魃が続き、地表だけでなく、地下水も枯渇し始めていました。

２００３年に地方政府の要人や郡長老会メンバー、平和医療団（ＰＭＳ、日本）を集め13キロメートルの用水路建設の着工式がとり行われています。これは挑戦の気概だけで、土木工事の基礎さえない状態で、コンクリートの打設作業、セメントや鉄筋組みなどのイロハを習うと共に、日本の実際の工事現場にも足を運んだとのことです（このとき56歳）。

現地環境にマッチした用水路工事には日本では見慣れない工夫があり興味をいだいたので、その一部を紹介します。日本の水路は三面をコンクリートで施工するのが一般的ですが、蛇籠（じゃかご）と柳枝工との組み合わせで施工しています。

・柳枝工を組み合わせれば、更に強靭となる。柳を籠の背面に多数植えると、無数の毛根が石の隙間に入り、「生きた籠」を加える。柳は不思議な植物で、幹が太くなっても硬いものを押し壊すことがなく、水に浸っても根腐れを起こさない。……現地に石工は要らない。作業員である農民は、全て有能な石工なのだ。……蛇籠はＰＭＳ独自に工房を作り、２００３年から２０１０年まで、５００トンのワイヤーで数万個の蛇籠を生産している。この作業員も農民を訓練したもので、今では熟練工と呼べるほどになっている。（１３４頁）

　現地の農民を訓練して作業員を育て、彼らが後々維持管理できるようにしていることに感心します。用水路工事の基本図と作業の様子を添付します。

　政情も不安定で、建設機具や物資の乏

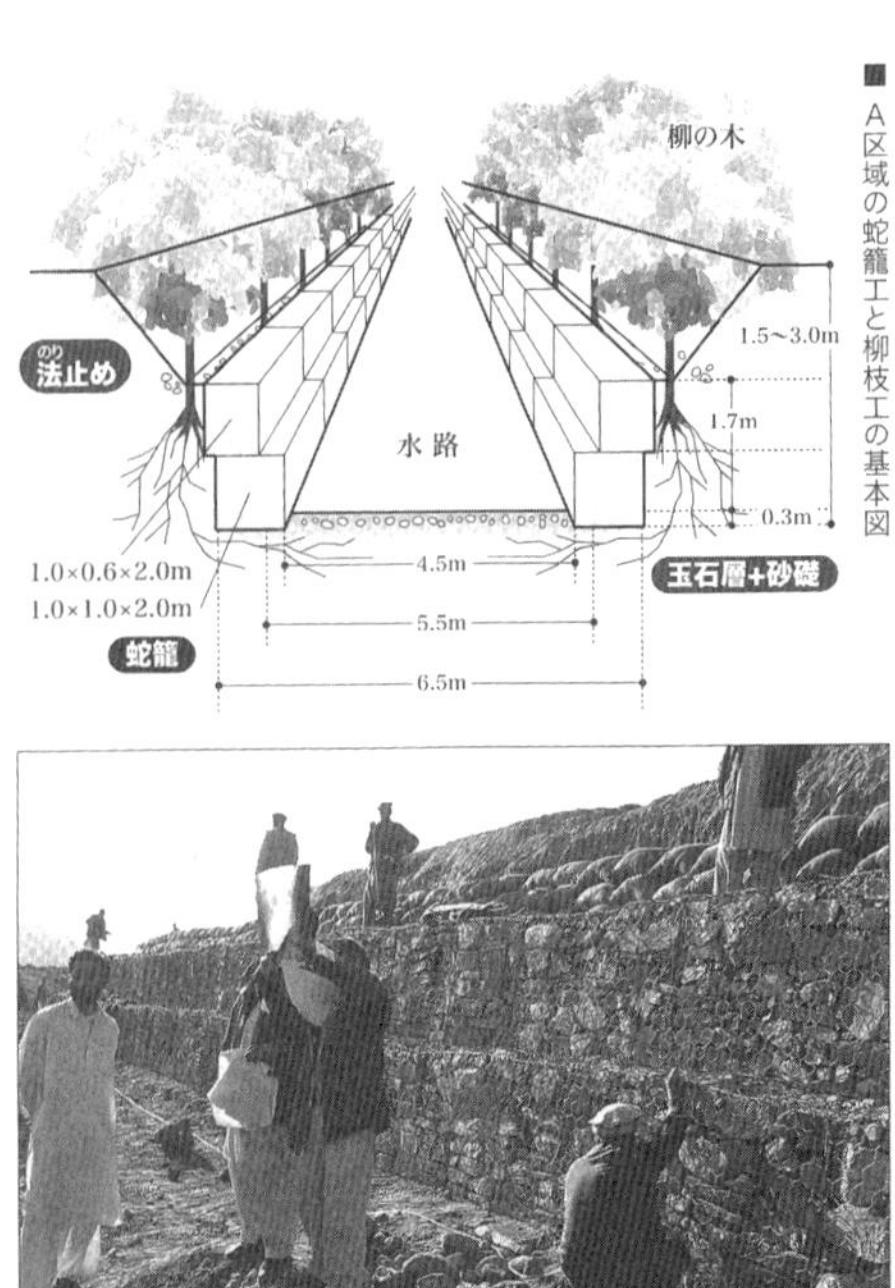

蛇籠工によって作られた用水路の護岸

工法基本図と護岸作業の様子（『天、共に在り　アフガニスタン三十年の闘い』135頁より）

しい中、工夫と努力でこのような難事業をやり遂げていることに敬意の念が湧きます。

3　中村哲医師が残した言葉

戦乱の中にオアシスを残した中村哲医師の言葉には重みがあり、傾聴に値しますので記載いたします。

最終章に「日本の人々へ」と題してまとめがありますがその中で私の心に響いたメッセージの一部を書き留めます。

・「信頼」は一朝にして築かれるものではない。利害を超え、忍耐を重ね、裏切られても裏切り返さない誠実さこそが、人々の心に触れる。それは、武力以上に強靭な安全を提供してくれ、人々を動かすことができる。私たちにとって、平和とは理念ではなく現実の力なのだ。私たちは、いとも安易に戦争と平和を語りすぎる。武力行使によって守られるものとは何か、そして本当に守るべきものとは何か、静かに思いをいたすべきかと思われる。

・人間にとって本当に必要なものは、そう多くはない。少なくとも私は「金さえあればなんでも出来て幸せになる」という迷信、「武力さえあれば身が守れる」という妄信から自由である。何が真実で何が不要なのか、何が人として最低限共有できるものなのか、眼を凝らして見つめ、健全な感性と自然との関係を回復することである。

・自然から遊離するバベルの塔は倒れる。人も自然の一部である。それは人間内部にもあって生命の営みを律する厳然たる摂理であり、恵みである。科学や経済、医学や農業、あらゆる人の営みが、自然と人、人と人の和解を探る以外、我々が生き延びる道はないであろう。

一人の日本人医師が戦乱の続くアフガニスタンの地で、たゆまぬ努力と忍耐で現地の人々の信頼を得て大きな仕事をなし得ています。そこには誠実に努力する姿があります。ここで紹介した内容はわずかな概要だけです。興味のある方はＴＶのドキュメンタリー番組や、『天、共に在り』を読んでみてください。生きる意味を与えてくれます。

中村哲医師の記録がもう一つありました。

ＮＨＫこころの時代　アーカイブス「長き戦いの地で」（２００１年制作）をオンライ

ン視聴が可能です。アフガン活動18年目の記録です。理解が深まります。

参考文献

（1）船引宏則氏（ロックフェラー大学教授、細胞生物学）の書いた記事（朝日新聞「論座」２０２０年12月24日）

（2）中村哲著『天、共に在り　アフガニスタン三十年の闘い』（ＮＨＫ出版、２０１３年）

四　今こそ再考の時

1　10年後に思う

何事も時間が経過すると記憶が薄れて忘れ去られていくことは日常的に経験することです。しかし、節目節目に記憶を戻し、再確認する大切なことがあります。

それは２０１１年3月11日に起きた東日本大震災の記憶です。今年で10年の節目を迎えました。３月になると当時の生々しい映像がＴＶで放映され、その後の復旧の状況が伝えられています。この災害には二つの大きなできごとがあります。

一つは巨大津波による東北沿岸部の壊滅的な被害で、多くの死者がでました。現在でも行方不明者が２０００人以上います。

もう一つは、近代科学の粋とも言われた原子力発電所の原子炉の炉心溶融（メルトダウン）と、それに伴う放射性物質の広範にわたる飛散です。そのために、現在でも多くの帰宅困難者がいて、福島県では3万人以上の人々が、故郷に帰ることもできていません。

巨大津波による沿岸部の自然災害は時間が経過すると、長くても数十年で復旧が可能です。災害大国日本では有史以来多くの地震や台風などによる甚大な被害が発生していますが、力強く復旧しています。

しかし、原子力発電所の炉心溶融による放射能災害は、世代を超えて存続する未曾有の災害なのです。今現在でも、発電所敷地内に溜まり続ける処理冷却水タンクと、毎日4000人といわれる廃炉作業者の汚染衣類や撤去処理された廃材などの低放射性物質にすら恒久的な対応ができない状況が続いています。このことは、これから始まる本格的な廃炉作業の前段階です。さらに、炉底に堆積している880トンと予測されている高濃度放射性デブリの状況確認もこれからです。10年経っても終点が見通せない状況です。

今回の原発事故は人災であり、起こるべくして起こった炉心崩壊です。そこには原子力の安全神話によって、原子力事故は起こらないと思い込みをし、重大事故を想定した訓練もしていなかったことに原因があります。

2　再考する時がきた

原子力の平和利用といっても、それは人類が生み出した最大最悪の殺人兵器である原子爆弾に対する罪悪感を和らげるために、核兵器を作り保持する国の科学者や為政者が考えたまやかしでしかないと思います。原子力発電は厳格に管理されていて、安全で、効率の良い、経済的な電力供給ができる最新の設備ですと言われて、多くの人が信じていました。

しかし、冷静に考えてみてください、原子力発電所は長くても50年位で寿命が来ます。

その間に作り出された放射性物質や廃棄物は、数百年経っても消えることなく、放射能を出し続けることになるのです。この狭い日本に、既に50基以上の原子力発電所があり、多くの発電所は建設から20年、30年と経過しています。今後、50年以内にすべての原子力発電所は廃炉作業に入るのです。この放射性廃棄物処理はひ孫の世代に引き継がれることになります。

私たちは地球温暖化という環境問題に直面して、石炭や石油の火力発電は環境温暖化の原因物質である二酸化炭素の放出量が多いために、その代替である原子力発電所を再稼働する話が出始めています。目先の二酸化炭素の排出量が少ないという経済効率化の原理だけで動き出しています。一時しのぎでなく、長い目で将来を展望しての技術開発が求められているのです。

3　今日の状況は予見されていた

最近、経済学者であるE・F・シューマッハーが1973年に著した『スモール　イズ　ビューティフル　人間中心の経済学[1]』という本を知りました。その本の第四章に「原子力―救いか呪いか」に将来のエネルギー問題（原子力）についての卓見が論じられています。非常に考えさせられます。少し引用します。（　）内は追記しました。

・六年前（1965年）に私が提起した議論の筋道は、次のようなものであった。

人間が、自然界に加えた変化の中で、もっとも危険で深刻なものは、大規模な原子核分裂である。核分裂の結果、電離放射能が環境汚染のきわめて重大な原因となり、人類の生存を脅かすことになった。一般の人たちが原子爆弾のほうに注意を奪われるのはうなずけるが、それが将来二度と使われないという希望はまだ持てる。ところが、いわゆる原子力の平和利用が人類に及ぼす危険のほうが、はるかに大きいかもしれないのである。今日の経済性最優先のこれ以上明白な例はあるまい。石炭か石油を使う在来型の発電所を建設するか、それとも原子力発電所を作るかの選択は経済的根拠にもとづいて行われており、……

核分裂というものが、人間の生命にとって想像を絶する類例のない特殊な危険だということが、まったく考慮されておらず、口の端にのぼったことすらないのである。

権威のある人たちの警告がないわけではない。アルファ線、ベータ線、ガンマ線が生体の組織に与える影響はよく知られている。放射性粒子は弾丸のように組織を破って侵入し、損傷の度合いはおもにその量と組織の細胞いかんによって決まる。

・新しい「次元」の危険のもう一つの意味は、今日人類には放射性物質を造る力があるのだが……現にまだ造ってもいる……いったん造ったが最後、その放射能を減らすてだてがまったくないということである。放射能に対しては、化学反応も物理的操作も無効で、ただ時の経過しかその力を弱めることができない。……ストロンチウム90の半減期は28年である。だが、半減期の長さがどうであれ、放射能は半永久的に残るわけで、放射能物質を安全な場所に移す以外に施すすべがない。

それにしても、原子炉から出る大量の放射性廃棄物の安全な捨て場所とは、いったいどこであろうか。地球上に安全と言える場所はない。

・いちばん大きい廃棄物といえば、いうまでもなく、耐用期間を過ぎた原子炉である。……人間にとって死活の重要性をもつ問題はだれも論じていない。その問題とは、原子炉が壊すことも動かすこともできず、そのまま、たぶん何百年もの間、あるいは何千年の間放置しておかなければならないこと、そしてこれは音もなく空気と水と土壌の中に放射能を洩らし続け、あらゆる生物に脅威を与えるということである。（178～180頁）

Ｅ・Ｆ・シューマッハーは80年前に原子力の本質についての見解を発表して注意を喚起していますが、当時は異端な議論として見られていました。現在、日本の原子力発電所の置かれた状況（危険性）を考えると正鵠を射た議論です。では他国における原子力発電所の事故をどこまで真剣に検討して取り込んできたか調べてみると、十分に反映されていないことが分かります。

4　過去の原子力発電所事故

過去の原子力発電所の大きな事故は2つあります。

1つ目は1979年の米国スリーマイル島原発事故でした。どのような状況なのか福井県原子力センターの一般向けウェブサイト原子力館（http://www.athome.tsuruga.fukui.jp）での説明文を引用します。

・昭和54年3月米国のスリーマイル島原子力発電所で、放射性物質が放出され、近くの住民の一部が避難するという事故が発生しました。この事故は、二次冷却水を循環させる主給水ポンプが停止したことが発端となって起こりました。そして①補助給水弁を閉じたまま行ったこと、②加圧器逃し弁が開いたままになっていたこと、③炉心冷却装置を運転員が停止したり、流水を絞ったりしたことなど、運転員の誤動作や保安管理ミスが重なり、これまでに経験したことのない事故に発展しました。……わが国の原子力発電所の安全保安対策に反映すべき52項目を摘出しました。これらの項目は、基準、審査、設計および運転管理に関して順次取り入れられ、原子力発電所の安全性の一層の向上が図られました。

すべての項目を取り入れて安全性は一層向上しました、と言われればそうですかと信じるしかありません。確実に実施されていればの話ですが。

2つ目は1986年のチェルノブイリ原発事故です。チェルノブイリ原発事故はどのようにして起こったかインターネットで調べてみました。沢山の記事がありますが、おおよそ以下の通りです。詳細は京都大学複合原子力科学研究所の報告で知ることができます。

・チェルノブイリ4号機事故は、原子炉の設計上の特徴と誤った運転操作により核分裂反応を制御できない状況となり、定格出力より非常に大きな出力状態となり、原子炉が破損した事故です。原子炉から放出された放射性物質を閉じこめる格納容器がなかったこともあり、燃料の破片等も含め外部に放射性物質が大量に放出され重大災害となりました。

5　福島第一原発の事故について

事故の実態を知るために、NHKでまとめた原発特設サイト（http://www3.nhk.or.jp）の項目に「検証 原発事故10年」に事故についての詳細な報告がなされています。そこには、事故の概要、事故はなぜ深刻化したか、㈠1号機の実態、㈡情報の共有は、重大事故への備えはなぜできなかった、などの項目で解説されています。少し引用します。

電源を失った福島第一原発の初期対応

・3月11日の津波襲来の直後から冷却不能となった1号機では、間もなく核燃料のメルトダウンが始まり、12日には建屋が水素爆発。その後、核燃料を冷やすため、消防車を使って多い日で1日400トン余りの注水が行われました。ところが、この時、配管には水の抜け道が複数存在。NHKと共同で事故検証を続けてきた専門家がコンピューターで新たに解析したところ、実際に原子炉に届いていたのは、送水した水の

1％程度で、ほとんど水が入っていなかったことがわかりました。

その結果、原子炉の底を溶かして流れ落ちた核燃料が冷やされず、格納容器の床に広がって、コンクリートを溶かして混ざり合いながら深く浸食しました。取り出しが困難な大量の「核燃料デブリ」の発生です。このことが今後の廃炉作業をより難しくしてしまいました。

多くの記事がありますが、興味のある方は原発特設サイトを見てください。

スリーマイル島原発の記事に「運転員の水位計指示値の誤認により注水がなされなかった」とあります。福島第一原発でも一号機で水位計指示値の誤認があり、事故の拡大につながっています。過去の教訓がまったく生かされていなかったことが分かります。スリーマイル島原発もチェルノブイリ原発も福島第一原発にも共通しているのは、誤った運転操作が事故を拡大させ、最終的には炉心溶融に至っていたことです。

仮定のたら・ればの話になりますが、42年前のスリーマイル島原発事故から真剣に学び、緊急事態の実践的訓練が定期的になされ、原子炉運転員に徹底していたら、福島の原発事故もここまでに至らなかったと思われます。現在、運転中の原発や休止中の原発でも、最悪シナリオを想定して、実践的訓練をやるべきです。経済優先で先延ばしすることは許されない状況です。

スリーマイル島原発事故のその後の対応について、米国での詳細な経過が「スリーマイル島原子力発電所事故：復旧・クリーンアップ、教訓および今後」（レイク・バレット、Lake@Lbarrett.com）として記録（２０１４年７月）されている資料がありました。そこには多くの写真を使用して廃炉作業の困難さが分かりやすく解説されています。一度覗いてみる価値があります。広い米国では放射性廃棄物は広大な砂漠の中に貯蔵設備がありますしかし、国土の狭い、巨大地震が多い日本に安全な場所があるのでしょうか。

原子炉の廃炉作業や放射性廃棄物の処理は、一企業の手に負えるものではない大きさです、国家プロジェクトとして、技術開発と人材育成を強力に進めることが、今後の日本に課せられた課題のように思いました。

10年経って振り返ると、この現実は忘れてはならない大切なことです。事故当時はハラハラして事故の推移をながめていましたが、今思うと背筋が寒くなります。

Ｅ・Ｆ・シューマッハーの４章のまとめに次のような記載があります。

・人類は、廃棄物処理には解決策がないことに気づくよりも先に、原子力に運命を委ねてしまったのではないかという懸念が強い。委ねてしまったとすれば、放射能の危険を無視し、建設ずみの原子炉を使用するように強い政治的圧力がかかってくるだろう。廃棄物処理の問題が解決されるまで、原子力計画の進行速度を落とすことこそが慎重な態度である。……

人間による経済活動は限りなく富の拡大を求め、結果として、貧富の格差や地球温暖化をもたらしています。原子力発電は一時的な富を生み出すが、終わりのない課題を残し、原子力兵器は恐怖といがみ合いだけを生み出しています。立ち止まって再考する時です。

参考文献

（1）Ｅ・Ｆ・シューマッハー著、小島慶三、酒井懋訳『スモール　イズ　ビューティフル　人間中心の経済学』（講談社学術文庫、２０２１年、第50刷）

第三章　私たちの先祖

一　誰にも先祖はいる

今、ここにいる私の命は、遠い先祖からつながれています。途切れることなく、多くの先祖の遺伝子が混じり合いながら、科学技術の発達した現代の私にも引き継がれていて、私の性格の一面を形成していると考えると、不思議な思いが湧いてきます。

ＮＨＫ番組の「ファミリーヒストリー」で取り上げられる有名人は、徹底的な調査で10世代くらい前まで遡りルーツを辿っています。そこには多くの先祖の苦労と支えがあって、彼ら彼女らの今があることを見せてくれています。

しかし、私のような庶民では4、5世代前の先祖でも、記録を探すことは難しく、本人が80歳にもなると両親、祖父母も他界して、聞く手掛かりもなくなっています。ただ、言えることは父方と母方とで、ルーツが大きく異なる両親が結婚したことで、子供の私には新たな遺伝子が備わり多様性が生まれてきました。

因みに、誰でも計算上は10世代前まで遡ると1000人以上の先祖がおり、20世代前では100万人上の親族とつながっていることになります。古い時代まで遡っても、今、生きている私の先祖がいたことは確かです。1500年以上前の古墳時代に思いを飛ばしても、そこにはご先祖様が生きていたのです。

1　芝山古墳の武人埴輪列

千葉県芝山町にある「芝山古墳・はにわ博物館」は古墳時代の遺跡です。特に武人埴輪と呼ばれていた人物埴輪は「伝統的な服装のユダヤ人埴輪である」と田中英道氏が著書『発見！ユダヤ人埴輪の謎を解く』(1)で明言していましたので、この目で確かめに出かけました。

今回、ユダヤ人埴輪が発掘された姫塚古墳について、もう少し詳しく入手した資料(2)を辿り紹介します。昭和31年に殿塚・姫塚の発掘調査が行われ、特に、姫塚古墳からは

図1　姫塚古墳の測量図と埴輪列

図２　古墳上の埴輪列

図３　３Dで再現した姫塚古墳の配列（図２の番号と対応）

原位置のまま横倒しになっていることが判明した人物や馬の形象埴輪列が出土しています。

図１は姫塚古墳の測量図で、記載していませんがこの右側には隣接して殿塚古墳があります。

姫塚は全長58・5メートル、高さ4・8メートルで、前方後円墳で二重の周溝がめぐり、築造年代は6世紀後半とされています。出土した形象埴輪列は45体で、原位置で出土したので、埴輪の配列の意味を考える上で重要な発見とのことです。

博物館の資料によると、埴輪列は墳丘北側の中段の平坦面に立てられ、前方部西側から馬子と馬による10体の群、豊かな顎髭と太刀を持つ武人7体を含む男性像14体の群、後円部には、髪を結い首飾りをした女（巫女か）を含む女性像9体群、鍬をかつぐ農夫を含む男性像10体の群が続いています。また、列から離れて、女性像の後方に琴を弾く男、列を外から見るようにひざまずく男が置かれています。この列の様子から、姫塚の埴輪群は葬列の様子を再現したもので、埴輪が外向きに立てられていることから、埋葬者よりも古墳を見る人を意識して並べられていたと推定されています。

2　埋葬されているのは誰か

多くの参列者が続く長い葬列を見て私が想像するに、この地方の領主で、生前は良い統治をし、人望があり、惜しまれていたと感じとれます。先頭には、彼が乗っていた馬が引かれ、その後に位のある武人の列と正装した女性達、鍬を持った農夫などが続き、沿道には坐って手をついて見送る人たちがいる厳粛な長い葬列風景が浮かびます。

古墳時代の各地域の支配者は国造（くにのみやつこ）と呼ばれ、現在の芝山町一帯は武社国造（むさのくにのみやつこ）が治めていたと資料には記載されていました。

田中英道氏の考察

姫塚古墳はユダヤ系の人々の存在を示す貴重な物的な証拠であり、これをもって関東にやってきた人々の姿を確かめることができ、その正体を考えることができると述べています。埴輪列についての田中氏の解説を以下に紹介します。

埴輪列の特徴

・埴輪列は四群に分れていて、第一群の内訳は、笠をかぶった馬子と鞍を付けた馬四頭。そして、ユダヤ人風の帽子とみずらをつけた武人が五体です。

第二群は男子像が十六体もあり、すべてがユダヤ人的な姿をしています。そこには器財埴輪が一個つけられていました。

第三群は女子像が七体です。ここからわかることは、明らかに、人々は、夫婦すなわち家族で日本にやってきたということです。

埴輪の第四群は男子像十体で構成されていました。あごひげを伸ばした武人、つまりユダヤ人風の武人とともに、鍬を持った農夫がいました。

鍬を持った農夫というところが重要です。これは、ただ単にユダヤ系の人々がやってきたというわけでなく、農耕を行って日本に住み着く意図をもってやってきた、ということを示しているからです。

十三世紀鎌倉時代の元寇においては、元軍は鋤鍬などの農機具まで用意していたことが伝わっています。携行の装備を見れば、渡来する人々の意図は明らかなのです。第四群から少し離れたところには、ひざまずく男性像と琴を膝に置く人物なども並べられていました。姫塚の埴輪列は、ほとんど原位置を保ったままに完存している、きわめて稀有な遺跡です。学術的な価値が非常に高いとともに、六世紀後半当時の埴輪表現の典型的な例を示すものとして貴重です。（109〜110頁）

……

・千葉県は、当時、武射国造（注：社が射と表示されている）が統治していました。

統治について

武射国造は、大和朝においては最高の地位を占める臣というカバネつまり称号を有するほどの有力者でしたが、六世紀前半までは目立った古墳は築造していなかったことが分かっています。大規模な古墳の築造が始まったのは六世紀後半のことで、この時期を境に大規模な古墳が急速に築造されるようになりました。

・武射とは、もちろん、後の「武蔵」のことです。姫塚および殿塚を含む芝山古墳群は、後に「武蔵国」と呼ばれる統治領域の中にあります。つまり、武蔵と呼ばれる地域には、こうした大陸系の人々、ユダヤ系の人々が多くいたということを姫塚が示しているということになります。……特に重要なのは、馬を使ってやってきた人々です。つまり、騎人あるいは騎士と言ってもいい人たちの存在です。結論から言えば、ディアスポラとなったユダヤ人たちが、日本に継続的にやってきていた、ということです。

・一般的に民族離散や流浪の民などと解釈される「ディアスポラ」というユダヤ人の特性は、……長い歴史の中で醸成されたものです。……姫塚が造られたのは六世紀後半ですが、ユダヤ人たちがやってきたのは、もう少し前の六世紀初頭、あるいは五世紀末だと思われています。（110～112頁）

歴史上に登場

・聖徳太子は六世紀後半から七世紀のはじめに登場します。聖徳太子を助けた側近として、秦河勝という存在が知られています。

平安時代初期に成立した『上宮聖徳太子伝補闕記』によれば、秦河勝は、「物部守屋の追討戦（五八七年）に軍政人として従軍し、厩戸皇子を守護して守屋の首を斬るなどの活躍を果たし、秦氏の軍事力を上宮王家の私兵として献上した」人物です。秦氏は、すでに述べたように京都・太秦を本拠地として聖徳太子を助けました。

秦河勝は、姫塚のユダヤ人埴輪が示す人々と連続した勢力の中のひとりとして考えられます。興味深いのは、聖徳太子について『古事記』『日本書紀』が記している「厩戸皇子」と言う名前でしょう。きわめてキリスト教的な、あるいはネストリウス派的な影響を暗示しているその背後には、秦河勝という存在があるということは間違いないことでしょう。

これらのことが、文献だけでなく、東国からのメッセージ、つまり、ユダヤ人的人物埴輪という視覚的メッセージによって、より強固に説明されるのです。（115頁）

ユダヤ人風の埴輪とユダヤ人教徒の比較を写真1に

写真１　人物埴輪とユダヤ教徒の比較（『発見！　ユダヤ人埴輪の謎を解く』57頁より）

示します。

いよいよ私たちになじみ深い聖徳太子につながるのですから、古代史は謎めいていますが、明確な証拠となる人物埴輪の登場で、一挙に面白味が湧いてきます。以前から聖徳太子が厩戸皇子と呼ばれていたのが気にはなっていました。しかし、田中氏の見方も一つの推察としてこれからの進展を待ちたいと思います。

参考文献

（1）田中英道著『発見！　ユダヤ人埴輪の謎を解く』（勉誠出版、２０１９年）
（2）殿塚・姫塚の埴輪群像パンフレット（芝山町立芝山古墳・はにわ博物館）

二　古墳から蘇る渡来人

自分の先祖について考え始めた時、古墳時代の埴輪について書かれた田中英道氏の本『発見！ユダヤ人埴輪の謎を解く』を読んで非常に興味をそそられました。古墳時代といえば遠い昔の話として全く関心がなかった私ですが、磁石に引き寄せられるように、千葉県芝山古墳を訪れ、そこで紛れもないユダヤ人埴輪を目にしました。この人物埴輪との出会いにより日本の古代史について強い関心を持つことができました。

1　古墳時代に栄えた群馬

今回は群馬県高崎市にある2基の古墳群を紹介します。

高崎市内には5世紀後半には8基の古墳があり、その中の保渡田八幡塚古墳と6世紀後半の綿貫観音山古墳を見学してきました。古墳を愛する友人の案内で2カ所の古墳と彼が加わっている埴輪の修復作業所を訪問し、これら貴重な出土品が陳列されている群馬県立歴史博物館では閉館ぎりぎりまで鑑賞しました。

榛名山が2度にわたり大噴火

この地域は榛名山の東南に広がる大地ですが、6世紀にはいると、榛名山が2度の大噴火（最初が5世紀末から6世紀初頭ごろで、次が6世紀中ごろ）を起こして、発生した火砕流は山麓を焼け野原とし、土石流が農地を埋め尽くしたと言われています。私の生まれた渋川市も最初の大噴火に伴う火砕流で被災し、火山灰が約30センチ積もり、2度目の大噴火で軽石などが約1・8メートルにわたってその上に堆積したとのこと。厚い噴石に埋もれ、2度目の噴火で埋没した渋川市の黒井峯遺跡は日本のポンペイとも呼ばれることがあるようです。

土石流に埋もれた八幡塚古墳

八幡塚古墳の築造されたころは地域社会も繁栄していましたが、突然、榛名山が大噴火を起こし噴出物で覆われ、発掘される現在まで原形が保たれていたことが幸いして多くの発見があったようです。八幡塚古墳が造られた5世紀後半は大和朝廷から信任を受けた有力な豪族（王）によって治められた社会が広がっていたのです。

写真1は2021年に「王の儀式」の再現劇（かみつけの里博物館資料(1)より）をした時の古代衣裳を着た人物が八幡塚古墳の上に整列した写真です。古墳の全景と大きさがよく分かりますので転載します。

写真１　八幡塚古墳の全景と再現劇の一コマ（かみつけの里博物館資料より）

写真２は八幡塚古墳の発掘調査で復元した埴輪や石棺などを示すデータファイルです。古墳は土石流に埋もれていたために、埴輪の設置位置が良く保たれて復元できています。

写真２の左下に人物・動物埴輪を並べた区画があり、先頭には剣を持ったユダヤ人埴輪があります。博物館資料では武人埴輪とだけ記されています。周囲に堀を巡らし、整然とした造りの巨大古墳（墓域の全長約１９０メートル）と埴輪群と埋葬品から大きな権力を持ち人望の厚かった豪族であることが伺えます。

未盗掘の綿貫観音山古墳

６世紀後半になって榛名山の大噴火からの復興が始まり、井野川下流域に綿貫観音山古墳が造られ、次の隆盛期を迎えたと高崎市の資料[2]に記されています。

かつて１３、０００基を超える古墳があったとされる群馬県地域に、半径４００メートル圏内に墳丘長１００メートル

写真２　八幡塚古墳のデータファイル（かみつけの里博物館資料より）

近くの前方後円墳が4基もあり、その最後の古墳が綿貫観音山古墳とのことです。この時期は、東アジアは激動の社会でした。中国は南北朝時代であり、朝鮮半島は高句麗・百済・新羅が覇権を争い、半島南部に小国ながら加耶があったが562年新羅に併合されています。大和王権がこれら諸国に対し、積極的な外交を推し進めていた時期に築かれたのが観音山古墳です。横穴式石室内から発見された副葬品（写真3）には東アジア諸国に縁のあるものが多く含まれていて、豪華で極めて充実したもので、すべてが国宝に指定されています。

埴輪も種類・量ともに極めて豊富で、円筒埴輪と形象埴輪（家・器材・人物・動物）があり、樹立場所は、後円部から前方部にかけての墳頂部と墳丘第一段上面（基壇面）とのこと。写真4に示す埴輪群は埋葬された被葬者である地域の首長（椅子に座る男子像）を中心とした王の世界を様々な形で表現したものであっただろうと推測されています。

武人埴輪は以前見学した芝山古墳のユダ

文化庁所蔵

写真3　綿貫観音山古墳に埋蔵されていた副葬品（群馬県立歴史博物館資料より）

ヤ人埴輪と見間違うほどに似ています。左下の椅子に座っている人物が王で、顎髭はないが鍔付き帽と髪を左右に分け両耳辺りで束ねて輪状に結んだ美豆良（みずら）と高い鼻の人物はユダヤ人埴輪と言えるのではないでしょうか。右上の武人埴輪も帽子の形は異なるが風貌は同様です。

文化庁所蔵

写真４　綿貫観音山古墳の埴輪群（群馬県立歴史博物館資料より）　国（文化庁保管）

2　友人からのメールで確信

後藤様　資料送って頂き有難うございます。

武人埴輪のユダヤ人説　興味深く読ませてもらっているのですが……。

面白くなってきましたよ！　高崎の渡来人もユダヤ人かも知れないのです!!

高崎には5年前世界記憶遺産に登録された上野三碑（こうずけさんぴ）が有りその中の一つが多胡碑です。

奈良時代多胡郡が新設され「羊」という人物に郡司を命ずるという詔を伝えたものです。

（資料添付(3)：多胡碑）

日本には居なかったはずの「羊」という名称に前から違和感が有ったので　もしや？　と調べてみました。

出てきましたよ！　「馬と羊を引き連れた渡来人の古代イスラエル人が当地（高崎）に来た」と篠原央憲著『天皇家とユダヤ人』にあり松浦静山著『甲子夜話』には羊太夫の墓から十字架が出たと書いてあるらしいのです。

若狭先生の著書には「多胡は胡人（渡来人）が多いから」とだけあって朝鮮半島や中国大陸の人達かと思っていたのですが胡人とは中国から見て西域の人……となれば多胡の人達は中国の西からやってきたことになります。

キリストと羊は関係あるわけだし……羊神社の縁起には羊年、羊の日、羊の時刻に生まれたとありました。

多胡碑に刻まれた片岡郡は今の片岡町に地名を残しています。小生の居る石原町は隣町で片岡郡のエリアだったようです。この辺り多胡の人達が住んでいたかもしれないと思うと羊太夫が急に身近になってきました。

地元では多胡碑は「おひつじさま」と崇められていて羊神社もあり「上毛かるた」にも歌われています。羊太夫は2メートル余の大男で空を飛び奈良の都に通ったとか　居城と伝わる八束山には大きな窪みのある岩が有り飛び立った時の〝羊の足跡〟……大きな舟形の石は天から降りてきた時乗ってきた……等々伝説があり、秩父にも羊太夫伝説が有るようで当時としては大変な有名人……古代スーパーマンだったのかもしれません。

容姿は帽子にあごひげ羊皮のマントをなびかせ都へ一直線……などと想像したくなります。

そんなわけで来年はこの羊太夫伝説にまつわる辺りを巡ってみようかなと思っている次第です。蛇足ですが　厩戸皇子つながりで……前橋の旧地名（江戸時代以前）が厩橋というのも面白いですね。

オミクロンの動向が気になる年の瀬ですが来年こそ平穏な年になってほしいものです。

皆様におかれましては健やかな新年を迎えますよう祈念申し上げます。

山梨豪之

次に添付資料を開示します。

多胡碑資料の解説の文章に「土地の人は多胡碑を『ひつじさま』と呼び信仰の対象としてまつり、今日まで守ってきた。また、文面に見える『羊』にちなんだ『羊太夫』の伝説は、古くから語り継がれて親しまれている。」として、地域に根ざし親しまれていたことが分かります。

当時の中央政府が日本に定着した「羊」という人物を郡司に起用した公文書であり、まさに帰化したユダヤ系渡来人が正式に日本人として政治に参加している証拠です。このような歴史的な証拠が出ると益々興味が湧き、古代史は面白くなってきました。

3　日本書紀に渡来人の記述がある

日本書紀[(4)]の巻第十の応神天皇（即位３９９年）

特別史跡　多胡碑

多胡碑は栃木県にある那須国造碑、宮城県にある多賀城碑とともに日本三碑と呼ばれている古代の石碑である。また高崎市の山ノ上碑、金井沢碑とともに上野三碑とも呼ばれる。

碑の高さは百二十六センチで、吉井町南部に産出する軟質の牛伏砂岩（通称多胡石）で造られている。

その書体は楷書体で中国の六朝風を遺すといわれており、古くより多くの書家に愛好され、六行八十字の文字の彫りも味わいあるものとして評価されている。

土地の人は多胡碑を「ひつじさま」と呼び信仰の対象としてまつり、今日まで守ってきた。また、文面に見える「羊」にちなんだ「羊太夫」の伝説は、古くから語り継がれて親しまれている。

弁官符す。上野国の片岡郡・緑野郡・甘良郡
并せて三郡の内、三百戸を郡と成し、羊に給いて
多胡郡と成せ。和銅四年三月九日甲寅
に宣る。左中弁・正五位下多治比真人
太政官・二品穂積親王、左大臣・正二位
石上尊、右大臣・正二位藤原尊。
（群馬県史通史編２による）

右の碑文は、和銅四（七一一）年の多胡郡の設置について述べたもので、ほぼ同様の内容の記事が正史の『続日本紀』和銅四年三月六日の条にも見えている。

『続日本紀』の記事によって碑文を補うと、分割された各郡の里（郷）名がそれぞれ片岡郡山部（山名）・緑野郡武美・甘良（甘楽）郡織裳（折茂）・韓級（辛科）・矢田・大家であることがわかる。碑文は字数などの制約があり、『給羊』のように解釈のむずかしい語句もある。

多胡碑は当時のこの地域のありさまを今日に伝える、全国的にも稀な石碑である。

昭和二十九年三月二十日 指定
平成十二年三月九日 設置
文部省
群馬県教育委員会
高崎市教育委員会

図１　特別史跡　多胡碑の解説

の項に次のような記載があります。

・14年、この年、弓月君（ゆづきのきみ）が百済からやってきた。奏上して、「私は私の国の、百二十県の人民を率いてやってきました。しかし、新羅人が邪魔をしているので、みな加羅国に留まっています」といった。そこで葛城襲津彦（かづらきのそつひこ）を遣わして、弓月の民を加羅国によばれた。しかし三年たっても襲津彦は帰ってこなかった。

・八月、平群木菟宿禰（へぐりのくめすくね）・的戸田宿禰（いくはのとだのすくね）を加羅に遣わした。精兵を授けて詔して、「襲津彦が長らく還ってこない。きっと新羅が邪魔をしているので滞っているのだろう。お前たちは速やかに行って新羅を討ち、その道を開け」といわれた。木菟宿禰ら兵を進めて、新羅の国境に臨んだ。新羅の王は恐れてその罪に服した。そこで弓月の民を率いて、襲津彦と共に還ってきた。

直接、弓月君が日本に助けを求めに来るほど、当時の日本は強国として知られていたことになります。2度目の精鋭兵が国境に到着しただけで、新羅の王は恐れて服従したことを見ると、大和王権は基盤が確立していたと思われます。

田中英道氏(5)によると、先代の神功皇后の時代に三韓征伐が行われていて、高句麗、百済、新羅は日本に服従していたとのことです。神功皇后の子が第15代の応神天皇なので、新羅が素直に服従したのは頷けます。

応神天皇が多数のユダヤ系渡来人（秦氏）を受け入れ、その武力や経済力を評価し、大和国の繁栄に用い、彼らに土地を与え、日本に定着させたことで、その後の日本の政治・経済や精神文化にまで大きな影響を与えています。

この時のユダヤ系渡来人の子孫が、30年から50年後に関東地区全域に進出して、そのなかのある集団は高崎を中心とした地域の豪族となり、今回見学した古墳を残していたと考えると古代への思いも膨らみます。

従来は、単に武人埴輪として異形の埴輪と見ていたのが、ユダヤ人埴輪であったと分かると一挙に歴史が動き出したと感じました。これからも現地調査や見学を継続して、私の先祖にもつながる日本の古代史を楽しみたいと思っています。

参考文献

（1）かみつけの里博物館資料（高崎市上毛野はにわの里公園内。２０２１年）
（2）「綿貫観音山古墳」（群馬県立歴史博物館パンフレット）
（3）「特別史跡　多胡碑」（高崎市教育委員会パンフレット）「上野三碑」（ユネスコ「世界の記録」）のパンフレットに多胡碑の詳細解説あり。
（4）宇治谷孟著『日本書紀　全現代語訳㊤㊦』（講談社学術文庫、初版）
（5）田中英道著『新日本古代史』（育鵬社、２０２１年）

三　遺伝子とは

私たちは今を生きています。過去は過ぎ去ったことであり、知らなくても生活に困ることはないと言えます。しかし、今の私の身体や心は、過去の行動により蓄積された経験が作っていることも事実です。両親から生を受けて、成長する間にどのような環境で過ごしたかで人格は作られます。小中学校での学び、高校、大学での教育、社会での仕事、結婚など多くの局面に遭遇して、苦しみ、悩み、怒り、喜びなどの山あり谷ありの人生です。

思考を巡らしてみると、私の身体は先祖から受け継がれている遺伝子があり、体形や風貌、性格などは、すでに埋め込まれていることに気づきます。遺伝子について再度勉強しましたところ、十分に理解していなかったことが分かりましたので、基本的なことがらを少し記載します。

1　遺伝子とは何か

ＤＮＡは日常語になっています。ＤＮＡは「デオキシリボ核酸」という物質で、糖・リン酸・塩基から構成されるヌクレオチドという分子がずらりとつながった長い鎖が二重らせん構造をしています。塩基にはアデニン（Ａ）、シトシン（Ｃ）、グアニン（Ｇ）、チミン（T）の四種類があり、遺伝情報はこの塩基の配列で書かれています。この組み合わせはAとTか、GとCとが結合すると決まっていて、その結合力は水素結合という弱い力でつながれています。DNAの遺伝子部分も含めて全体をゲノムと呼んでいます。

細胞内には中心にDNAを収めた核があり、他に様々な働きをする小器官で構成されています。その一つにミトコンドリアがあり、細胞内の活動の源泉となる化学エネルギーを生産する機能を持っていて、その細胞の中にも活動に必要なDNAがあります。

更なる説明は、生命科学者の森和俊氏『細胞の中の分子生物学』[1]に沿って紹介します。

・一本のDNAには32億5400万の塩基配列あり、46本の染色体に分かれて収納されています。遺伝子の数は約2万7000個で、全体のわずか1％程度です。ゲノムという設計図には、この遺伝子をいつ、どこで、どれくらい働かせるかという情報も書き込まれています。

私たちには60兆個（最近の説では37兆個）といわれる細胞がありますが、いのちの始まりの一個の受精卵の中に収められていたものが、ほぼ同じサイズで細胞分裂を繰り返すことで増殖し分配されているのですから、自然の営みの素晴らしさには畏敬の念が湧いてきます。ミトコンドリアは細胞内の一つの小器官なので、その中のＤＮＡが先祖をたどる時の重要な意味を持っているとは知りませんでした。

細胞核内のＤＮＡが分かり易い展開図を図５に示します。細胞内では折りたたまれた染色体という形で収納されて、それを展開してすべてをつなぎ合わせると２メートルの長さになるとのことです（セントロメアは染色体の分配に、テロメアは細胞の寿命に関与し遺伝子ではない部分。クロマチンはＤＮＡを密に巻き込んだ構造）。

２　細胞分裂は二種類ある

細胞分裂に関しては坂元志歩著、大阪大学蛋白質研究所監修『いのちのはじまり、

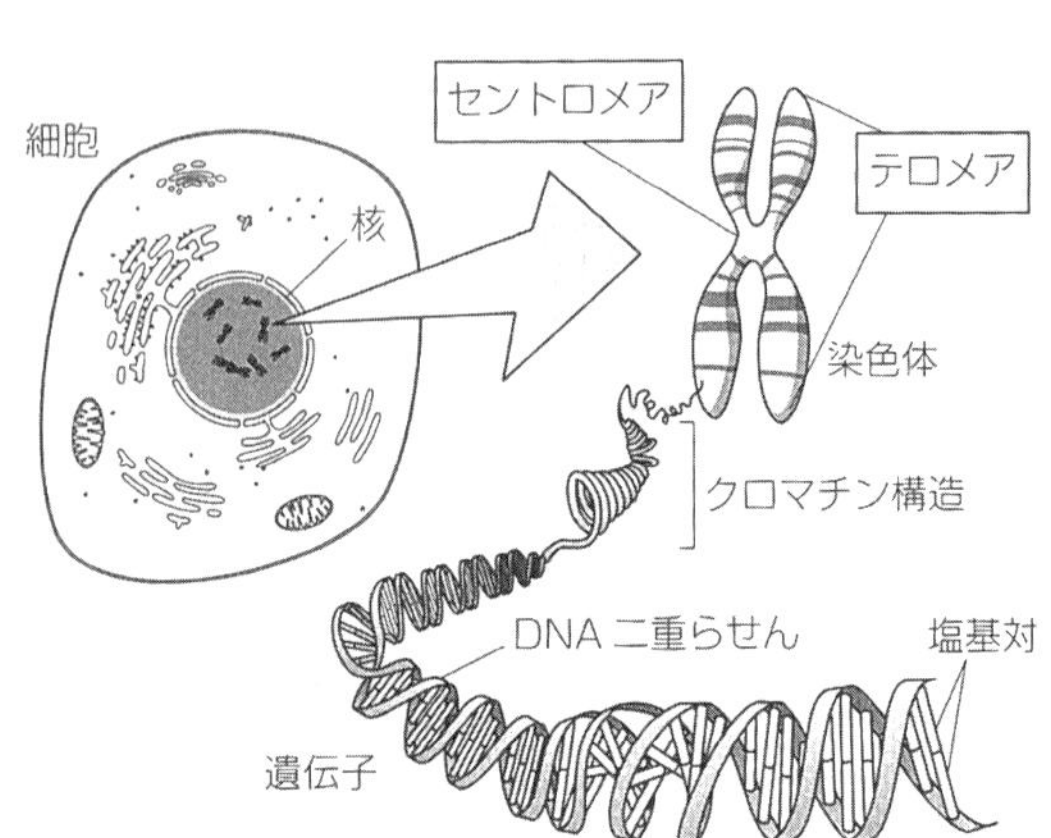

図５　細胞核内の DNA の展開図
（森和俊『細胞の中の分子生物学』より）

いのちのおわり』[2]から要約し引用します。

身体を構成している体細胞の分裂（体細胞分裂）対して卵子や精子を作る細胞分裂は減数分裂といい、一つの2倍体細胞から四つの1倍体細胞を生み出す過程があるとのこと。

・通常の体細胞分裂では染色体の分配は1回のみだが、減数分裂では2回の分配を経る。第一分裂では複製した各染色体が2本の姉妹染色体となり、倍加した相同染色体、つまり2倍量になった染色体で、基本的に同じ遺伝子をもつ父方と母方の相同染色体どうしがくっつき（体合し）、異なる親由来の姉妹染色体（異なる姉妹染色体なので非姉妹染色体と呼ぶ）どうしで染色体の一部を交換し合う「交差」が起こる。……ここでの交換しあっているのは、じつは祖父母由来の染色体となる。……親の身体のなかで祖父母のゲノムが混ざりあわされ、自分の身体のなかで親のゲノムが混ざりあわされる。（20頁）

卵子のたどる道

・同じ生殖細胞でも、卵子と精子では減数分裂では異なる過程をたどる。卵子ならば第一分裂の、ちょうど父由来と母由来の染色体が部分的に交換を行ったところ（交差したところ）で一時的に分裂進行を停止する。ヒトでは、出生前、妊娠12週から32週目の時に一時卵母細胞になり、……思春期になり、性成熟に達したときに分裂を再開し、次のステップである第二分裂に進む。思春期に放出される莫大なホルモンが、この過程を進めるのだ。（21頁）

精子のたどる道

・生きものがつくる細胞のなかで、卵子が最も大きな細胞であり、精子は通常最も小さい細胞である。精子と卵子では、DNAを伝える戦略が基本的に異なるためだ。精子は大量生産され、母親の投資（卵子）を利用して父方のDNAを伝えることに徹底している。……精子の場合は減数分裂によって一次精原細胞から4個の精子がつくられる。……男性では第二次性徴期に初めて減数分裂と精子形成が始まり、一生の間に放出する精子の数は一兆以上に及ぶ。（23頁）

理解を容易にするために図6を載せます。

この説明を受けて、私もやっと祖父母の性格が出るのが理解できました。考えてみれば納得しますが、父親、母親は、それぞれの両親から受け継いでいる染色体を持っているのですから、卵子、精子を作る時に混ぜ合わせられるのは祖父母由来の染色体ということになります。

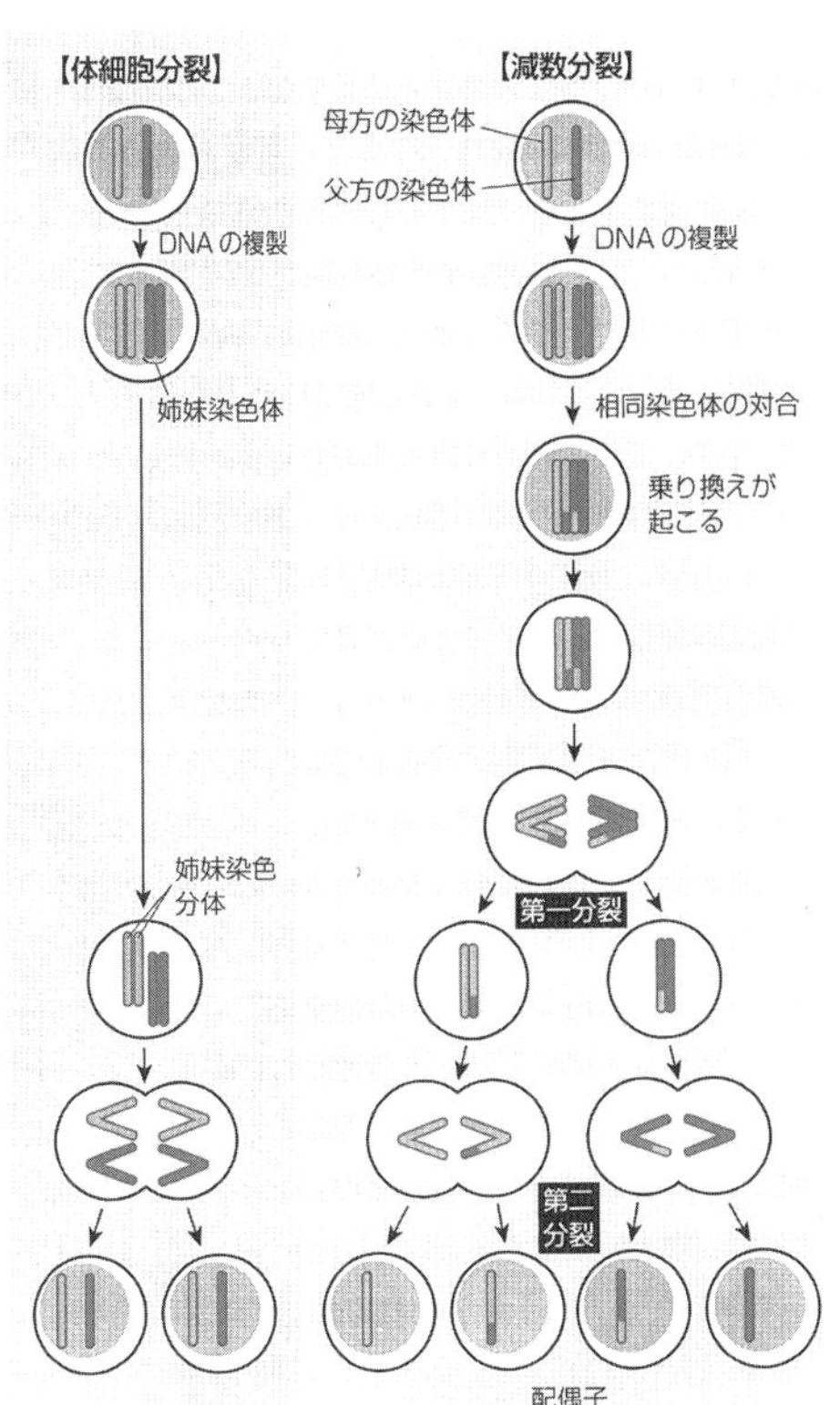

図6　体細胞分裂と減数分裂（森和俊『細胞の中の分子生物学』より）

以上のことは、中村桂子、山岸敦共著『「生きている」を見つめる医療』(3)（講談社現代新書、２００７年）に良いまとめになる言葉がありましたので以下に示します。

・母親と父親がそれぞれ卵と精子（生殖細胞）を作る時、減数分裂という非常に興味深いことが起きます。祖父母それぞれから来た染色体が対同士で一度混ざり合い、そして再び分かれます。

こうして生じた染色体は、母親、父親の体細胞にある染色体と同じではありません。ある部分は祖父由来、ある部分は祖母由来という、一本一本の染色体の中で祖父母のDNAが混ざり合ったものが私に受け継がれる（おじいさん似、おばあさん似が生まれる所以です）。

……祖父と祖母という別の個体に由来する染色体が混ざり合ってできた新しい染色体を23本持つ卵と精子ができて、それがまた組み合わされて生まれた私は、それまで存在してきた個体のどれとも違う唯一無二のゲノムを持つことになります。同じ両親から生まれても兄弟姉妹のゲノムが違うのはこのためです。……どれが祖父由来でどれが祖母由来かは偶然決まるので、23本の染色体の組み合わせには二の二十三乗の可能性が生まれます。……

つまりあなたが存在することによって、「両親から受け継ぎながらも、全く新しいもの」を次に伝えることができるのです。あなたは生命をつないでいく鎖の一つの輪ですが、この輪は必ず新しいものを作って次へとつながるという特徴があります。（30、32頁）

これでやっとＤＮＡから先祖をたどってみる大まかな準備ができました。前回までに古墳時代の先祖を調べましたが、その先をたどる時の方法を次の本から見てみます。

3　先祖はどのようにたどれるか

最近、遺伝子分析で先祖の系譜をたどる技術が発展して古代の遺骨から遺伝子分析が行われています。斎藤成也氏の『ＤＮＡから見た日本人(4)』を覗いてみます。

・人間の数は常に有限だから、血縁関係が遠い近いの差はあれ、親類同士の結婚をくり返しているのである。したがって、私たち人間全員は血のつながった親類なのである。実は人間どころか、生きとし生けるもの、皆ＤＮＡによってつながっているのである。

……日常の会話に出てくる親類は、せいぜい数世代さかのぼった関係である。しかし、遺伝子を比べてみると、たとえ赤の他人同士であっても、それらの遺伝子の祖先を手繰って10世代、100世代とどんどんさかのぼってゆけば、いずれは共通の祖先遺伝子にたどりつく。これは遺伝子の本体であるDNAが、自己複製を行っていることの当然の帰結である。（34頁）

・人間の細胞に含まれるDNAは、細胞核の中の染色体だけでない。「ミトコンドリア」という細胞内小器官には、小さいながら独自のDNAがある。核内の染色体と独立に親から子に伝わるミトコンドリアDNAは、その塩基総数が約1万6500個である。人間を含む脊椎動物では、ミトコンドリアDNAは母性遺伝をするので、この遺伝子の系図は、女性の祖先のみをたどった系図と考えることができる。……

一方、Y染色体は男性のみをたどる遺伝子の系図を作り出す。……Y染色体はX染色体とともに性染色体のひとつであり、XYタイプが男性、XXタイプが女性である。男性の持つY染色体は必ず父親から伝えられる。

たとえば、男性の圧倒的に多い軍隊のような集団が、遠征した土地で、彼らがその土地の女性と結婚する場合を考えてみよう。生まれてくる男の子は、Y染色体は別の土地からやってきた父親由来、ミトコンドリアＤＮＡは土着の集団出身の母親由来だが、細胞核内のＤＮＡは母親と父親から半分ずつ由来することになるのだ。（36・37頁）

Ｙ染色体は組み換えが行われないので、そのままの形で受け継がれることになるとのこと。遠い過去の遺伝子変異を示す箇所（遺伝子マーカー）を保持しているので独自の家系―氏族を表すことになるとのこと。もしも同じ遺伝子マーカーを持っている人がいると、その人は過去のどこかで同じ祖先を共有していることになる。人類を氏族別に分類できるので大規模な調査研究が行われている。米国のナショナルジオグラフィックが主宰して２００５年に開始して、２００８年に『旅する遺伝子』として日本語翻訳本が上梓されています。

人類の古代に関する研究はＤＮＡの二重らせん構造が発見され、人間の全遺伝子解析が終了したことで、科学的に人骨からの遺伝子解析ができるようになり新たな展開がなされています。

すでに、多くの書籍がありますが、著者により結果が多岐にわたり、読み手の知識が整理され深まっていないと誤認することになると思いました。時間をかけて読み込みをする必要を感じています。私なりにまとめができましたら後ほど報告します。

次に、最近の遺跡見学の一事例を紹介します（岩宿博物館、明治大学パンフレットをもとに作成）。

4　遺跡の発見、発掘

群馬県に岩宿遺跡があります。１９４６年に切り通しの道になっていた岩宿遺跡の跡を通りかかった相沢忠洋氏は、露出していた赤土（関東ローム層）から、石器を発見しましたが、土器が伴うことはありませんでした。その後も発掘を続け、黒曜石の石槍を発見したことが知られ、明治大学との発掘調査が行われて、関東ローム層中に層を違えて２つの石器群が発見されました。少なくとも約３・５万年と約５万年前の旧石器時代のものと判明しました。

岩宿遺跡は日本史をひもとくうえで必ずといっていいほど登場する遺跡で、教科書を書き換える発見であるとのこと。この発掘で、日本にも世界史でいう旧石器時代に人々が生活していたことが初めて明らかになったとのことで

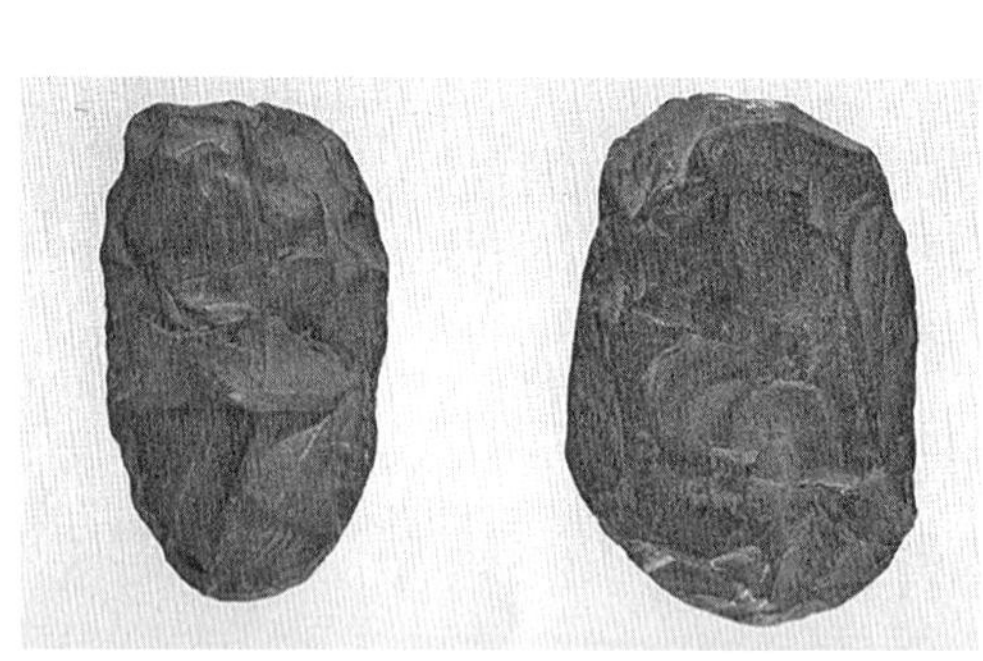

写真１　岩宿遺跡　石斧（明治大学博物館所蔵）

す。これが刺激となり、日本全国で同じ時代の遺跡が発見され、1万年をはるかに超える遺跡（岩宿遺跡）であることが疑いのないものになりました。

写真1には明治大学博物館にある石斧（国の重要文化財）を示します。

5　遺伝子を知ることの意味

80歳にして初めて古代史に目覚めましたので、地道な現地見学と資料の読み込みをして、古代の先祖に思いを馳せて楽しみたいと思っています。

今回、遺伝子についての勉強を通じて、私たちは、それまで存在してきた個体のどれとも違う唯一無二のゲノムを持つことになった全く新しい個人であることを明確に知りました。同じ両親から生まれても兄弟姉妹のゲノムが違うのはこのためなのだと。

私の存在が、「両親から受け継ぎながらも、全く新しいもの」を次に伝えることができること。私も生命をつないでいく鎖の一つの輪であり、この輪は必ず新しいものを作って次へとつながるという特徴があることを知ることができました。

仏教の勉強を続けると共に科学的な知識を習得してきました。そこで私たちは長い歴史の最先端にいることを知りました。それは138億年の宇宙の始まりから40億年前に地球が誕生し、38億年前に生命の兆しが海中に生まれました。その生命は陸上に進出し、動植物が地上を埋め尽くすように繁栄している中に人間も含まれます。命をつないでいるその中心に遺伝子があると理解はしていました。しかし、肝心の遺伝子の相続がどのようなものかあいまいなままでした。古代に関心を持ったことの縁で明確にできたのは有難いことです。

参考文献

（1）森和俊著『細胞の中の分子生物学』（講談社ブルーバックス、２０１６年）
（2）坂元志歩著、大阪大学蛋白質研究所監修『いのちのはじまり、いのちのおわり』（化学同人、２０１０年）
（3）中村桂子、山岸敦共著『『生きている』を見つめる医療』（講談社現代新書、２００７年）
（4）斎藤成也著『ＤＮＡから見た日本人』（ちくま新書、２００５年）

四　自然を畏敬する心（神道について）

季節の節目に子供の成長を願う、ひな祭りや端午の節句、七夕や山車を引き神輿を担ぐ夏祭りなどの諸行事はすべて神社が役割を担っています。日本の文化的な行事の精神的な支柱は神道で、よろずの神々を敬う心は日本人の基底に流れていると思われます。

1　神田明神について考える

私事ですが、神田明神の直ぐ前にある東方学院の講義に出席するときに、神社の大きな鳥居をくぐりますが、鳥居の前で、若い男性や女性が立ち止まり一礼をしているのをしばしば見かけます。その方達は神社に対する崇敬の念を持っているのでしょう。

仏教を学んで知ったブッダの言葉からは、何事も疑って確認し、言われたから従うのではなく、納得して行動することを学びました。特に、技術畑の仕事をしていたので、新たなものごとに出会って興味を惹かれると、その意味を探る癖がついていましたので、尊い神社であるから誰でも敬う気持ちが起こるのですと言われても、素直に頭が下がらない自分がいます。

そこで、神田明神はどんな神様を祀っているのかインターネットで調べてみました。

正式名称は神田神社、東京の中心の108町会の氏神様で、神田明神として親しまれているとのことです。神田明神の歴史から一部を記載します。

・当社は天平2年（730）に出雲氏族の真神田臣（まかんだおみ）により武蔵国豊島郡芝崎村（現在の東京都千代田区大手町・将門塚周辺）に創建されました。

その後、将門塚周辺で天変地異が頻発し、将門公の御神威として人々を恐れさせたため、時宗の遊行僧・真教上人が手厚く御霊をお慰めして、さらに延慶2年（1309）当社に奉祀いたしました。戦国時代になると、太田道灌や北条氏綱といった名立たる武将によって手厚く崇敬されました。

慶長5年（1600）、天下分け目の関ヶ原の戦いが起こると、当社では徳川家康公が合戦に臨む際、戦勝のご祈祷を行ないました。すると、9月15日、神田祭の日に見事に勝利し天下統一を果たされました。これ以降、徳川将軍家より縁起の良い祭礼として絶やすことなく執り行うよう命ぜられました。

かなり古い歴史があり、歴代の武将や将軍が縁起の良い神様として庇護をして今に至っています。特に神田祭は江戸の伝統・日本三大祭りとして江戸文化を継承しているとの誇りを持って祭礼を行っています。祀る神さまはだれか見てみます。

・御祭神は三神あり、

　一之宮：だいこく様［大己貴命（おおなむちのみこと）］

　二之宮：えびす様［少彦名命（すくなひこなのみこと）］

　三之宮：まさかど様［平将門命（たいらのまさかどのみこと）］

それぞれ、縁結びの神様、商売繁盛の神様、除災厄除けの神様として祀っています。

　多くの民衆が信仰している神社で、いろいろの職種の人が願をかけてお参りし、心の安心を得ていることが窺えます。神田明神は商売繁盛などのご利益を謳っているので、朱や金色の極

写真１　神田祭特別サイトより壁紙をダウンロード。行事のいろいろな場面がはめ込まれています。

彩色で気持ちが盛り上がる建築美です。種々な行事も、江戸文化を継承していることが窺えます。

一方、身近にある多くの氏神様は清楚な佇まいで、精神性を感じ柏手を打って参拝をします。どのような神様が祭られているかほとんど知られていませんが、昔からの習わしとして、伝統が引き継がれ、慣習的に参拝している光景があります。人の心にある漠然とした神様を敬う心情は伝統で培われていると思われます。

理屈で解決できない深みがある

神田明神を表面的な現象だけ見ると、どんな意味があるのかと切り捨ててしまう危険があります。神田祭などは多くの人が参詣し、巨大なエネルギーを生み出しています。理屈は今持っている知識で理解できる範囲の説明であり、表面的な納得です。私が関係していた技術開発などの物理的現象は現代の科学的な知識で多くは解決できました。しかし、人の心の深みには、たどり着けるものではないことを再認識する必要を感じました。人は生きていると、心は苦しみ・怒り・憎しみ・悲しみ・幸福感などの種々な感情を生み出しますが、科学的な知識では解決できない問題です。神や仏と言われる領域は全く理解できるものではなく、十分の時間をかけて学ぶべきものであると思います。

2　古代から存在する春日大社

奈良に行くとしばしば春日大社を訪れていました。春日山を御神体とした優美で心静まる神社の雰囲気が良くて好みの場所でした。今回、インターネットで春日大社のＨＰにアクセスし調べてみました。「春日大社のはじまり」のところで次のように紹介しています。

・神山である御蓋山（春日山）の麓に、奈良時代の神護景雲2年（７６８）、称徳天皇の勅命により武甕槌命様、経津主命様、天児屋根命様、比売神様の御本殿が造営されました。現在、国家・国民の平和と繁栄を祈る祭が年間２２００回以上斎行されています。

その中でも１２００年以上続く3月13日の「春日祭」は、現在も宮中より天皇の御代理である勅使が参向され、国家・国民の安泰を祈る御祭文を奏上されます。さらに、上旬・中旬・下旬の語源に関わる宮中の「旬祭」、上巳・端午・七夕などの「節供祭」も平安時代に移され、今に至るまで斎行されています。

１２００年以上前から古事記に記載されている神々を祀り、国家、国民のために祈りが奉げられている事実には驚きがあります。御神体として迎え入れた武甕槌命は鹿島神宮の神様であり、経津主命は香取神宮の神様で鹿島地区から迎え入れたと記されています。
鹿島神宮の起源は神宮の古文書（鎌倉時代）によると、神武天皇の即位の元年に武甕槌命のご神恩に感謝して勅使を派遣し、鹿島の地に鹿島神宮を勅祭したと伝えられています。全ては、日本書紀や古事記の神話の時代のできごとで、神武天皇（皇紀でBC660～585年）は最初に即位した初代天皇です。

春日大社の綺麗な朱色は20年に一度、社殿を美しくする「式年造替」をしていてこれまでに60回を超えるのは「伊勢神宮」と「春日大社」だけと記されています。

古事記などに記録された神話は現代の人から見ると古代人の空想世界の話として真剣に向き合うことがないと思います。古代では、今のように宇宙に関する科学的知識はなくても大自然の中に身を置いて、研ぎ澄まされた感覚で自然と対話することで、奥深い不思議さを感じ取れたのではない

写真２　美しい朱色の春日大社

ています。

でしょうか。彼らよりさらに昔、２６００年前には仏陀はこの世に存在する真理を発見し

３　現代的な神社（神道）解釈

葉室頼明氏は大阪大学医学部を卒業し外科医として開業医をしていたが、神職階位を取得して平成８年に春日大社の宮司になられた方です。

氏の書かれた本「神道と〈ひらめき〉」（春秋社、２００６年）には、科学的な視点で神道の根本が書かれています。

・本の帯の表側には　〈生きる原点〉を求めて！宇宙と地球と生命の誕生の謎とは。人の真実の在り方とは、日本人の本当の生き方とは何か。と記載されています。

また、帯の裏側には　……　現在の乱れた日本の国をみていると、つくづく宇宙の、そして世の中の原点を、人々は見失っているということがよくわかります。……　どうして地球の水の中に生物が誕生し、人間ができてきたのか。……これから、この世の中の、そして宇宙の全ての原点についてお話し、書いていこうとおもいます。

以前、この本を読んで私の思考していた方向と共通しているので、力を得た思いがあり

ました。宇宙の中の人間という視点と想いが共通すると感じましたので、僭越ですが著書の帯から引用しました。本文から参考になる言葉の幾つか引用して紹介します。

ムスビの力

・最初に宇宙に現れてきたのは、ムスビ（結び）の力というモノとモノを結びつける、素晴らしい力を持った知恵があらわれました。これを科学的には中間子といい、湯川秀樹博士がノーベル賞を受賞したことで知られています。このムスビの力というのは波動ですから、もちろん目には見えませんが、これによって宇宙のすべてのものが形つくられていくのです。……　見えないものの存在を、見える現象として、現実に形づくるという素晴らしい力を表現した言葉であり、このムスビの力には摩訶不思議な働きがあるのです。（19頁）

このムスビの力である中間子は原子核のなかで素粒子（電気的に中性な中間子）で、結び付ける強い力です。これで生成した元素（原子）が生命体や岩石、海水、空気など、あらゆる地球上の存在物を作っているのです。

水を例にとりますと、水とは水素原子（H）2個と酸素原子（O_2）1個で構成された水分子（H_2O）の集合体です。ここでの結合は共有結合といって原子同士が電子を共有して作る化学結合です。ほとんどの有機物はこの結合で出来ています。モノとモノの間には結びつける力が働いているのです。

日本人とムスビの神

・日本人の祖先はこのすべてのものを形づくる宇宙の働きを、理屈ではなく肌で知っていて、これを神さまとして尊び、それに順応する生活をしてきたのです。……ところで、「むすぶ」を漢字で「結」と書きますが、これを「ゆう」とも読みます。……日本人は古来から夕方を非常に神秘的なものと考えて、夕日を素晴らしく美しいものとして拝みます。日本語の原点である大和言葉では、この夕も、先ほどの結と同じ意味であり、夕方の「夕」は、昼から夜へ結ぶ姿をあらわしているのです。……このようにして日本人の先祖は、昼を夜の世界に形つくっていく夕方に神のムスビの力を見て、夕日を拝んでいたのではないかと思います。（28・29頁）

神秘な知恵のはたらき

・なにごとも目に見える結果だけを見るのでなく、その現象がどのようにして現れてきたのかということを考えることが大切であり、このことが他の動物とは全く違う人間の特徴であると思います。……　それを現在の理屈だけの教育を受けた多くの日本人は、ただ目の前の現象や結果だけを見て、喜んだり悲しんだりしておりますが、これは極端なことを言えば動物と同じだと私は思うのです。（63頁）

地球上にあるすべてのものは、目には見えない原子、分子が様ざまに結合して大きな分子（高分子）となり、各階層で独自の働きをして植物や動物、微生物などを生成しています。この力は宇宙の中で、ある法則に基づき自然に働くものです。また、昼から夜への変化の姿に、感動してそこに畏敬の念を感じるのは人間だけの感性であり、その力を神と崇めて精神文化が生まれたのでしょうか。人間の目に見えるのは360～830ナノメートルの波長の光だけです。自然界の光（電磁波）の僅かな部分しか見ていないのです。

生物の分子とブラウン運動

・ブラウン運動は、生物の細胞の分子だけでなく、宇宙を伝わってくる光とか、ニュートリノなどは全て波動で伝わってきます。波動というのはブラウン運動で、宇宙の中に満ちた天然の気で動いているのですから、障害物のない限り、どこまでも飛んで行きます。……　けれども、これに他からエネルギーを入れると、機械の分子と同じ直線の働きになってしまうのです。直線というのは続かず、必ず終わりがあるのです。……

我々の体をつくっている細胞の分子は波動、つまりブラウン運動をしているのですから、膨大な数の細胞からできている人間の人生もまた、自分の力で生きる、つまり直線的な人生は機械の分子と同じで、そこにいのちがなく長続きしませんので、終わりがあるということです。……

すなわち人生というものは、自分以外のものと対立するのでなく、神さまやご先祖さまをはじめ、全てのものと一体となって生きるのが、真実の人生であるということを伝えてきたのです。（１１８・１１９頁）

ブラウン運動は原子や分子がする不規則な熱運動で、乱雑に運動している分子同士が衝突し、その場で振動しています。水の中に微細な花粉などが落ちると水分子（媒質）と衝突し不規則に揺らいでいることが分かります。その動きをブラウン運動していると言っています。

まだまだ、伝えたいことは沢山ありますが、紹介はこの辺で終わりますが、神道での思いの中には宇宙における自然の摂理が働いています。

私達は神道というと古事記に記されている古代の国つくりで活躍した○○の命を神様としてお祀りしている程度にしか理解していないのではないでしょうか。少なくとも私はそうでした。昨年から古代の埴輪に興味を持ち、先祖とのつながりを意識したことが神道への入り口でした。その中で、日本書紀に出会い、読み始めると、私達の先祖の活躍する姿を知って面白さが見えてきました。

１２００年以上も続く天皇制は世界では唯一の制度で、我々多くの国民の支持（畏敬する心）があるからです。その基底には、神道にある自然観をはっきり認識していなくても、共感する感情があると思います。それは葉室氏が述べている次の言葉です。

日本人の祖先はこのすべてのものを形づくる宇宙の働きを、理屈ではなく肌で知っていて、これを神さまとして尊び、それに順応する生活をしてきたのです。

現代の技術一辺倒では、人生の表面しか見ていなかったとの反省があります。目を向けないと、見えるものもみえず、自然の深みなど、見ることも感じることもできないことを認識しました。今回は、民衆信仰の神田明神と伝統的な神社である春日大社を考えてみました。

また、この文章を書いている2022年2月23日は天皇誕生日でした。24日にはロシアがウクライナへ武力侵攻を開始しました。一人の独裁的なロシア人の思いだけで、世界を混乱に落し入れています。人間は、生きているかぎり、人格を向上する努力をしなと平和な社会を作ることはできないと思います。企業でも大学でも国でも、すべてはリーダの質により決まります。

第四章　生きている意味を問う

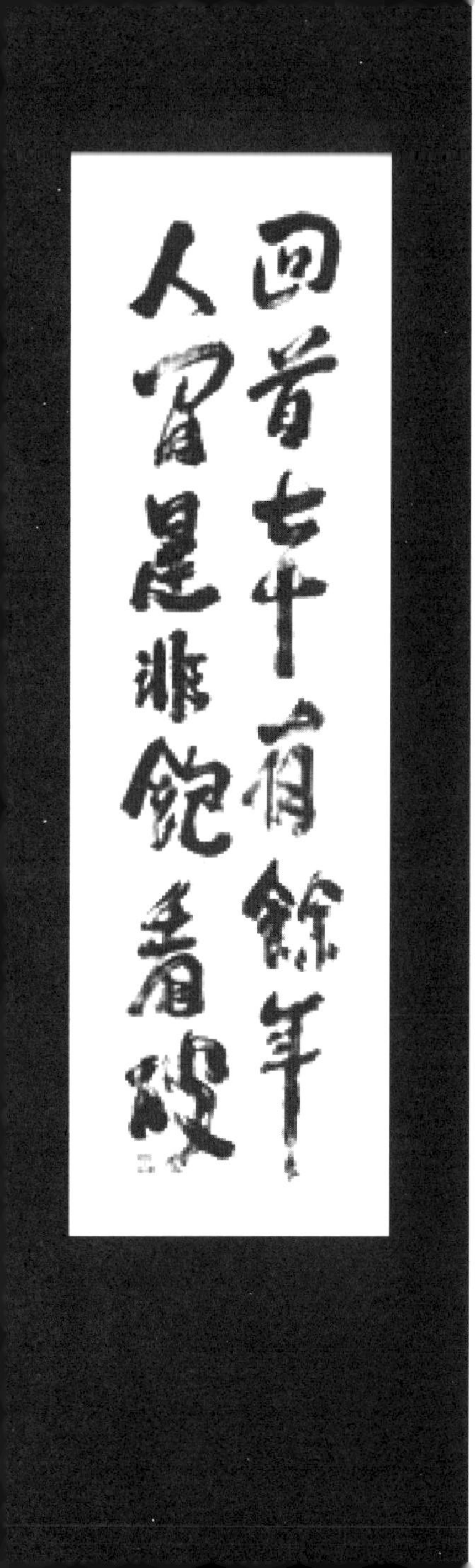

一　人生を生きる

1　心の働きが生活をつくる

日本でも新型コロナウイルス蔓延の第三波が急拡大して、進めていた経済政策も修正が余儀なくされています。ＧＯＴＯトラベルで、普段はできない少しリッチな旅を楽しませてもらえました。庶民にとっては、３月頃から外出自粛が続いて、溜まった鬱積を解消できた一時です。しかし、多くの人が移動し、会食の機会も増えたことにより、コロナウイルスが拡散した模様です。楽しみの後には、苦しみが影のように寄り添っています。楽しみは一時的で、更なる楽しみを求めたくなり、実現しないと苦しみに変わります。楽しみの後で、不幸にしてコロナウイルスに感染した時は苦い経験の一コマとして、他の人に感染させないよう自粛してもらう

写真１　鎌倉長谷寺の地蔵菩薩

しかありません。三密を避け、手洗いを励行、マスク着用を守って新型コロナウイルスの侵入を防ぎ、油断しないで、習慣づけて自己防衛しましょう。

２０２０年以前、誰がこのような新型コロナウイルスが世界的に蔓延すると予測できたでしょうか。一寸先は闇との諺がありますが、先のことは本当にわかりません。

しかし、ハッキリしていることがあります。この文を書いている私と、読んでいる皆さんは、今ここに生きているということです。どのような状況の中にいるかは人それぞれ大きく異なりますが、呼吸をして生きていることを実感しているはずです。

宗教ではあくまでも人間を見るときには、その人の「心」を問題にしています。しかし、人間は生物であり、生きているのは生物としての肉体があってのことです。この肉体は生まれたからには必ず死が訪れます。私という自分が死にたくないと、心で願って、切望しても身体は自然の摂理にそって滅んでいきます。私という存在は、この生物である身体があって生かされています。これは切り離すことのできない厳然たる事実です。私の身体は、「私という意識」が特別なことをしなくても、心臓は鼓動して血液を循環し、肺は呼吸により酸素を取り込んで、胃腸は消化吸収して養分を細胞に送り届けています。このように身体に注目してみていると、「私」という自分は、間借りしている人のようにも見えますが、心が働かないと指一本も動かせません。日常の生活行動を支配しているのは心の働きのです。身体と心は不可分な関係にあります。この関係性について論じた文章を読みましたので紹介します。

2　人生は語られるもの

人生について気付かされたことがあります。清水哲郎氏の『最期まで自分らしく生きるために』[1]には、私という自分と肉体としての自分について分かりやすく述べられています。非常に参考になりましたので一部引用します。「人生は物語り」の視点を教えてくれています。

「人生」とは、人が周囲の人々と交流しながら送っている生活の経過全体を指し、どのような経過を辿って生きてきたのか、また、これからどのように生きようとしているかを、「物語り」として創りだしながら生きている、と述べています。

・「人生は物語られるもの」です。ある人の人生は、その人にとっての物語りとして言及されます。そもそも、物語られてこそ「人生」なのです。一般的に「伝記」と訳される英語〝biography〟の言葉の成り立ちは「いのちの書籍（いのちについて書かれたもの）」、つまり「いのちの物語り」です。人生は、これまで《生きてきた》ものであると同時に、これからも《生きていく》という時の流れに沿って展開されるものです。

人生という物語りは、一人で創るものではありません。その人の周囲にいる人々の物語りと交差し、それらに支えられながら形成されていきます。ことに親しい人の物語りは、本人の物語りとお互いに影響し合い、浸透し合いながら、紡ぎだされていきます。（8頁）

日常生活の中では楽しいこと、苦しいこと、悲しいことなどが次々と起きて生活に変化を生みだして人生が創られています。しかし、急病や事故などで生死が脅かされると、身体に注意が向いて病院で医師の治療に任せます。この時の医療従事者が働きかけている対象を《生物学的な生命》と定義しています。この違いを「生きている」と「生きる」という言葉で区別しています。

「生きている」と「生きる」

・人のいのちにおける「生物学的な生命」と「物語られるいのち」の違いは、〈生きている〉と〈生きる〉の違いとも言えます。〈生きている〉いのちは、私たちがそれを選んだということなしに、自ずと生じたものです。……

これに対して、「私は生きる」という時の〈生きる〉は、積極的な行為が継続的になされていることや、主体である私が時々刻々と生きる道を選び歩んでいることを語っています。（10・11頁）

日常生活の中で、私たちは心に従った身体があり、身体は病気でもしない限りあまり意識しません。常に心がすべてで、勝手に振る舞い、身体は心に従って生きているように思っています。心の働きと身体の活動を一度はっきりと認識したうえで、心が主体に活動していると知り、「物語られるいのち」と捉えると日々の生活が意味を持った積極的な活動と思えてきます。

3　円環的に捉える人生観

人生の捉え方について身体（からだ）に視点を置くと、宇宙とのつながりを感じさせる解説をされている文章に出会いました。現役の医師として多方面に活躍されている稲葉俊郎氏が雑誌の特集「輪廻と生命観」の中で「いのちの歴史と未来の医療[2]」と題して寄稿されています。そこでは病気だけを見る西洋医学でなく非西洋医学（東洋医学など）からも医療を論じて、人の身体は宇宙的ないのちの流れの中で生みだされたもので、誰でもその根源につながっているという円環的に捉えた人生観を語っています。

・いのち（Life）を捉えるときに、自分が生きている人生だけの中で限定して捉えるか、自分が生まれる前も死んだ後も含めた大きな輪の中で捉えるのかで、大きく異なる。生まれる前を指して前世という言葉があり、死んだ後を指して死後という言葉がある。……これらの言葉は宗教性や思想性を帯びているだけに、言葉や概念自体に強い抵抗を持つ人も多い。……大切なのは、言葉そのものにあるのではなく、自分の一生という狭い視点を超えた遥かないのちのつながりに思いを馳せることだと思う。

具体的には、ひとの「からだ」には、宇宙のあらゆる叡智が含まれていると、驚きや発見とともに日々感じている。「からだ」には数十億年、数百億年の情報が高度な形で圧縮保存されている。その圧縮された情報をうまく解凍して取り出せないから、暗号が解読できない。「いのち」という宇宙的なプロジェクトは今まで一度も途切れたことがなく、過去も現在も、そして未来へとも延々と続いている。今という瞬間は、その遥かなるいのちのつながりの最先端でもある。今存在しているものすべてがいのちの流れの最先端にいるからこそ、このいのちの流れをどちらの方向に向かわせるか、ということには大きな責任がある。（229頁）

自分が生きている状態を、個人的な身体だけに焦点を当てて考えるのは普通のことです。視点を広げて、宇宙の中の地球やそこに存在する動植物などの自然環境を構成する一員と捉えることはできます。しかし、自分が生まれる前や死後を含めて大きな輪の中にある「からだ」と捉え、いのちの流れを感じて、過去から未来へと続く今にいるのだと思いを馳せることもできます。今ここにいる私たちは、いのちの最先端にいることになるのですから宇宙的な雄大さも感じられます。

・からだは、精密で精妙で奇跡的な仕組みにより成立している。それは一朝一夕にできるものではなく、遥かな宇宙的な時間のつながりの中で少しずつ改変して変化して受け継がれてきたものだ。

からだは一秒一秒途切れることなく60兆個の細胞が調和的に働いている。生きている以上、その力はずっと途切れることもなく、今もこうして連続的に働いている。60兆の多細胞である「からだ」は、地球や海という生命の培養装置を舞台として、遥かな長い歴史をかけてつくられた芸術作品なのだ。……ひとの人生（Life）を直線的な発展モデルで捉えていくと、死というのはそこで途切れたように感じてしまうものだが、円環的なモデルで捉えると、死は生とつながり存在の輪が完成する。人生を円環的に捉えていくことは、人生の長さではなく、質の問題であることを示唆しているともいえる。人生は瞬間瞬間で円環的に完結しているものだ。（229・230頁）

60兆個もある細胞が調和して途切れることもなく働き続けているとは、奇跡といっても過言ではない素晴らしい「からだ」と知ると畏敬の念が生まれます。生まれ死んでいく私たちの身体が宇宙とつながるいのちの円環を形成していると見ることで、人生は長さではなく、質の問題であると人間の生き方を示唆しています。

4　法句経に見る人生の生き方

ブッダが説いた初期の経典である法句経（ダンマパダ）[3]に次のような言葉があります。よい人生を生きるには、勝手気ままで怠けていると死んだのも同然の人生であるとの教えです。

つとめて励むのは、不死の境地である。
怠りなまけるのは、死の境涯である。

つとめて励む人々は、死ぬことがない。
怠りなまける人々は、死者のごとくである。
（中村元訳『ブッダの真理のことば　感興のことば』第2章21）

私なりに解説します。

つとめて励むとは「不放逸」（わがままで勝手な行いをしない）のこと。怠ることなく善き行いに励み精進努力することで不死の境地に至ると説いています。不死の境地とは、身体の死は自然の摂理であることを受け入れて、死の妄念を乗り越えた、死に怯えない安寧の境地で、それは涅槃の境地なのです。

一方、僅かなことで怒りや憎しみを生み、勝手気ままな振る舞いや、今日やるべきことは先延ばしにするなど、なおざりな放逸な生活をしていると、心はすさみ苦しみが蓄積し、堕落した屍のごとき境涯となります。

自身の肉体が地上から永遠に失われることは耐え難い思いですが、ではどうして死ぬことがないと言うのか。私たちは今ここに生きているのです。この世に存在するあらゆる生命は、宇宙の中で生みだされた「いのち」の大きな流れの「今」にいるのです。このことに気づき、一瞬一瞬の今にやるべきことをして、怠りなく励む人々は死ぬことがないと言うのです。

感情に支配されている私たちは怠りなまけてはいないでしょうか。放逸な生活は、老いたくない、病気になりたくない、死にたくないと常に身体を心配して、そこから解放されることもなく、生きていても死の影に怯えているのです。これは「死の境涯」です。心の安らぎが得られず、苦の輪廻から解放されず苦しみは続きます。

心の安らぎにおいてこそ、肉体的な死、老病の苦に打ち勝つことができるのです。生ある限り精進し、実践努力するところに生の意義があり、不死の境地が得られると釈尊は説教しています。

参考文献

（1）清水哲郎著『最期まで自分らしく生きるために』（NHKラジオテキスト、こころをよむ、2012年）
（2）稲葉俊郎著『いのちの歴史と未来の医療』（サンガジャパン21「輪廻と生命観」）（サンガ、2015年）
（3）中村元訳『ブッダの真理のことば　感興のことば』（岩波文庫、1984年）

二　無常の流れの中で

1　すべてに決められた時がある

寒さが厳しくなる12月になるとパンジーの小さな花が色とりどりに花壇を飾り、春の訪れを待ちわびます。朝晩の気温が下がり凍結しても、株、茎、葉、花は損傷せず、雪に埋もれても雪が解けると活き活きとした花や葉にもどる頼もしい草花です。寒い時期に、次々と花を咲かせ楽しませてくれます。同じ冬季、我が家の庭にあるさざんかの花も目を楽しませてくれます。どの草木も輝く時は決められています。パンジーは11月から4月頃、さざんかは11月から1月頃が見頃の花です。

花の少ない厳冬期は、温室栽培した草花が花屋さんの店頭を飾り、生活に彩りをもたらしてくれています。美しい切り花の盛りは短いですが、その短さゆえに美しさが際立つとも思えます。写真に撮るか、キャンバスに描き留めるかすれば、花の姿は長く留めることができますが、生花のみずみずしさには及びません。生きている花は、その一瞬に輝いています。

何を言いたいのかと読んでいる方は思うでしょう。花の盛りは短く、萎れるのは当たり前のこととして知っている事実の中に、自然現象の真理が含まれています。振り返って人間の成長過程を見ても、同じように若さの盛りはほんの一時です。私たちは常に若々しくいたいと、何歳になっても努力し続けますが、残念なことにこの流れは止めることはできません。自身が老齢になって終点が見えてくると、しみじみと気づくことはこの身体は、刻一刻と留まることなく変化しているという実感です。生きているものはこの現象から逃れることはできません。動物でも植物でもそれぞれ寿命は異なります。美しい花の寿命は短くて儚さを実感できますが、人間のように平均寿命が80歳以上と長くなると気づくことが難しくなります。

2　光陰矢の如し

どなたでも知っている諺です。月日の経過はなんと早いことか、12月に入ると身に沁みて感じられることと思います。この一年、何をしたのか振り返って思いを辿っても心もとない限りです。まだまだと思っている間に時間は過ぎていきます。特に、今年（２０２０年）は新型コロナウイルスという感染症が世界中に猛威を振るい、12月になっても第三波の大波に見舞われています。4月からは外出自粛もあり、12月末でも自由な行動は規制されて、自宅で過ごすことが当たり前の生活スタイルになっています。

しかし、この時を良い機会と捉え、じっくりと自分の軌跡を振り返り、今後どのような人生の時を過ごすか、人生とは何だったのかを考えることも意義のあることと思います。社会の第一線を退き、老後をどのように生きるかは人それぞれ異なりますが、言えることは、残り少ない人生、今しかないこの貴重な時間に気づき、後悔することなく一日一日を過ごすことです。

3　無常の流れの中に

世の中は留まることのない無常の流れであると、古人も書き残しています。有名なのは学生時代に習ったことのある鴨長明の方丈記の一節です。

・行く河の流れは絶えずして、しかももとの水にあらず。よどみに浮かぶうたかたは、かつ消えかつ結びて、久しくとどまることなし。世の中にある人とすみかと、またかくの如し。

この始まりの文章はわかりやすいですが、私なりに読み替えてみます。

流れている川の水は絶えず変化していて、絶え間なく流れ去り、もとの水はそこにはない。よどみの水面に浮かぶ泡も消えてはまた生じ、その姿は長くはとどまることもない。この世に生きている人々も住処も水の流れやそこに生ずる泡と同じで絶え間なく移り変わっている、と人間の生きざまを川の流れに例えて語っています。

迅速な無常の流れが身体を貫いています。身体を構成している60兆個ともいわれる細胞は死滅と生成を繰り返して命を保っているのです。地球上に38億年前に誕生したといわれる生命が、脈々と進化を続けて現在の人間が存在していることを思うと、この時は、悠久の「いのち」の流れの先頭にいるのです。

4　戦乱の続く時代――苦しむ民衆

方丈記の書かれた時代は、朝廷の権威が失われ、武家が統治する時代の幕開けでした。京の都は相次ぐ戦乱と頻繁に発生した大火災で人々は住む家も失われ、飢えと疫病の流行で苦しみのどん底にいたのです。

手元にある標準日本史年表[1]で当時を振り返ってみます。

鴨長明が生まれたのは1153年です。数年後の1156年には保元の乱（天皇方と院方との政権争い）、1159年には平治の乱（平氏と源氏の戦で平氏が勝利）と戦乱が続き、1167年平清盛が太政大臣となり平氏が政権をにぎり、平家全盛の時代でした。

しかし、当時の庶民は苦しみの連続、1175年に京都大火、疱瘡が流行、1177年にまたも京都大火、180町と大極殿焼亡（四度目）、大地震、1182年京都中に飢え疫病流行、死者巷に満つとの記載があります。平清盛は1181年に64歳で没しています。1192年には源頼朝が征夷大将軍になり、鎌倉に幕府が開かれました。

長明は下鴨神社の正禰宜の次男として生まれ、恵まれた環境に育っていたようです。しかし、成人した後には、相続争いで不遇が続き、結果として出家し、無常の世相を小さな方丈庵から眺めて、晩年の1212年に方丈記を書き、1216年に64歳で亡くなっています。

5　民衆を救済する鎌倉仏教

鴨長明の時代、伝統ある旧仏教の大寺院である延暦寺や興福寺の僧徒は、社会不安の中で、仏教の教えからは著しく乖離し、朝廷に対し自集団の権利を主張して暴徒化してしばしば朝廷に強訴に及んでいます。

その様子を、日本史年表から出来事を拾ってみると、1092年興福寺僧徒、山城加茂荘乱入、1095年延暦寺僧徒、日吉神輿を奉じて入京、美濃守源義綱を訴えるなど、毎年のように入京し強訴に及んでいます。長明の生まれた1153年にも延暦寺僧徒が入京し強訴しています。また、大寺院同士の争いにも発展し、1163年には延暦寺僧徒、園城寺を攻め堂塔を焼く（四度目）、1177年に延暦寺僧徒、日吉・白山の神輿を奉じ京都に乱入などと記録されています。1177年は京都で大火災があり、そのうえに大地震が発生し、大きな被害がでています。仏教で言われている末法の時代そのものの世相であったようです。

伝統ある大寺院の僧徒は自分らの主張を通すために、社会に被害を及ぼし、苦しむ人たちに救済の手を差し伸べることもしていません。当時、学びの中心であった天台宗延暦寺で仏教を学んでいた優秀な若い僧侶たちは、失望して比叡山を下りています。

今ある日本仏教の開祖たちの多くが、このような社会の大きな転換期に登場しています。当時の政治・社会情勢を思うと、伝統仏教の中には仏教の真の教えはなく、巷に下った僧侶の中では、法然が最初に経典から求めていた教えを探りだしています。鎌倉仏教の開祖たちの活動年代を次表に示します。

丁度、長明が生きて方丈記を書いた時代に、大乗仏教の新たな担い手である法然、栄西、親鸞、道元、日蓮、一遍とそうそうたる祖師が登場しています。これらの新仏教が旗揚げしたのは、時代背景を考えると、偶然でなく、必然のように思えます。民衆に対して仏教

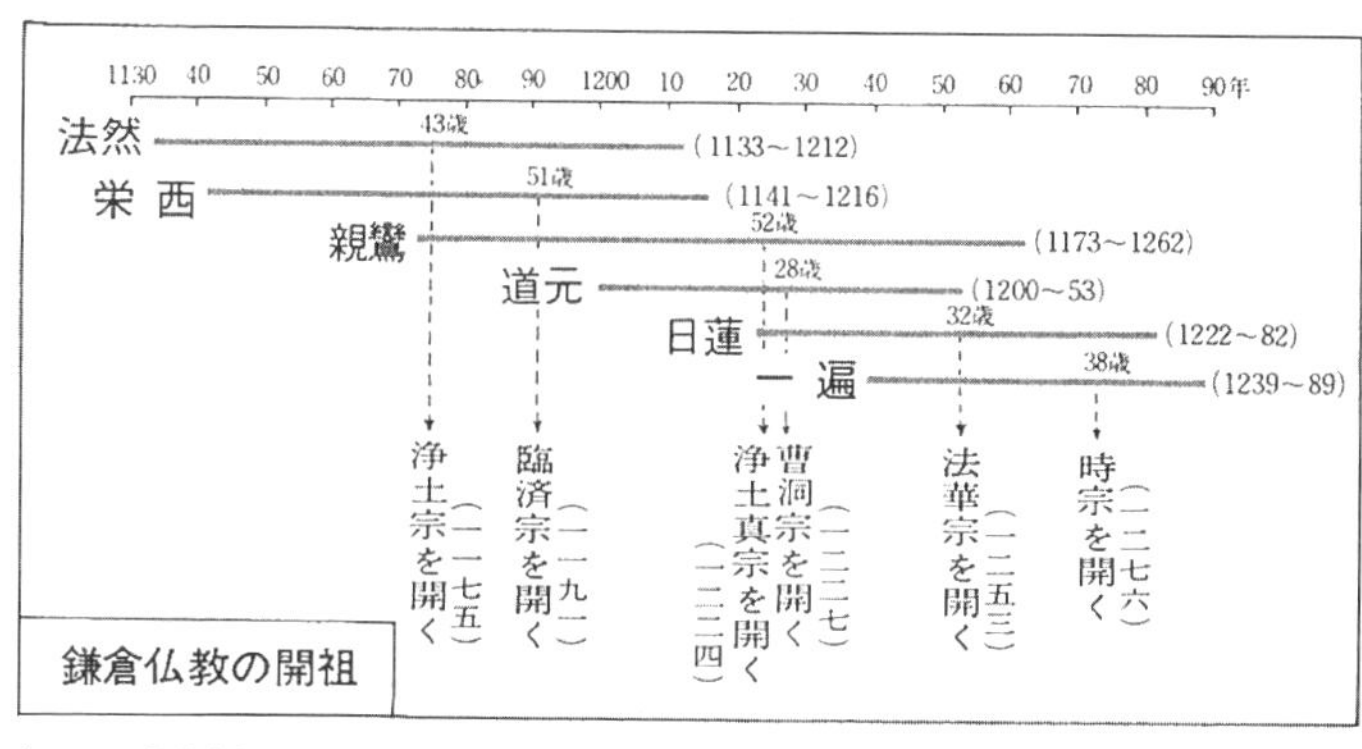

表１　『史料による日本史』（笠原一男・野呂肖生共著、山川出版社、1978年）より転載

の教えが届けられたまさにその時であったのです。

6　民衆の前で説法する鎌倉時代のリーダー

仏教が日本にもたらされた聖徳太子の時代から、国家の平安と貴族の病気平癒を願うために利用されてきました。平安時代に入ると天皇の発願で民衆の安寧と国家の平安を願い巨大な仏像（奈良の大仏）が建立されています。しかし、鎌倉時代に武士階級が勃興し、戦乱が起こり、その上に疫病が蔓延し、多くの民衆は戦乱と疫病と飢餓に苦しんでいます。

民衆を救済するために、今で言うところの新興宗教が起こったのです。法然の浄土宗、親鸞の浄土真宗、日蓮の日蓮宗などは伝統仏教宗派である南都八宗（平安時代までに日本に伝わった倶舎宗、成実宗、律宗、法相宗、三論宗、華厳宗に天台宗、真言宗を加えて八つ）から厳しい排斥にあっています。既存の宗派は既得権に安住して苦しむ人々に寄り添うことは少ないエリート集団でした。一般の民衆は、苦しみから逃れるために、心の拠り所を求めているところに、民衆の前に出て、お題目を唱えるだけで救われると説く、新興の法然や親鸞、日蓮などのリーダーに心を惹かれていったのです。

現代においても日本人の宗教感覚に鎌倉期に登場した新仏教は大きな影響を与えています。初めて民衆のこころに、仏教が届いた時であったと思います。初期仏教から見ると宗派の開祖が前面にでてきて、釈迦はその陰に隠れた状態で、初期仏教の面影は薄らいでいます。

しかし、釈迦の教えの真髄である「慈悲のこころ」は底に流れています。

7　当たり前が素晴らしい

11年前の2011年に東日本大震災が起こり、甚大な被害が発生しました。その時、誰しもが当たり前の普通の生活がどんなに素晴らしいことかと気づきました。その後、年月を経るとすっかりと忘れて、刺激を求めた競争社会になっていました。その反省を求めるように新型コロナウイルスに襲われ、もう一度、普段の生活の素晴らしさを見直す機会が訪れたと思います。

『菜根譚×呻吟語』[2]の中の菜根譚のところに、次のような言葉がありました。日本語訳を引用します。

・家庭の中にこそ一個の真の仏あり、日々の生活の中にこそ一種の真の道がある。人の心が誠で気が和らぎ、穏やかな顔つきで優しい言葉を使い、そして父母兄弟の間がまるで体がとけあうように気持ちがお互いに通じ合えば、正座をして息を整え、坐禅して念を凝らすことよりも数万倍の効果があろう。（69頁）

なにげない日常の家族との交わりの中にこそ、平穏な幸せがあると湯浅氏も書いていますが、そのとおりだと思います。家庭が社会の最小単位で、ここに平和がなくて国や国際社会が平和になることはできません。歳をとると意固地になり、家庭や社会の平穏を乱す人もいます。しかし、深く長い人生を経験したのですから、率先して平和な家庭や地域社会の交流に役立つことで、生きがいにつながると思います。最も身近にできる幸せ作りの人生なのではないでしょうか。今が実践する時です。

参考文献

（1）児玉幸多編『標準日本史年表』（吉川弘文館、２００１年 44版）
（2）湯浅邦弘著『菜根譚×呻吟語』（別冊ＮＨＫ１００分de名著、２０１７年）

三　生きていることに気づく

1　先の読めない世界

新型コロナウイルスのパンデミックで人の移動が制限され経済が停滞し、日本でも感染拡大の第４波が起こり、東京オリンピック・パラリンピックを目の前にして如何にして終息させられるかが急務となっています。今の状態は、ある程度は予想されていたとはいえ先のことを正確に知ることは誰もできません。後から見ればそうしておけばよかった、こうしておけばよかったと言えますが、後悔先に立たずとはこのことです。

感染が長引き拡大すると、ウイルスの変異型が増えて終息は益々難しくなると言われています。特に、高齢者は感染すると重症化して、死亡する危険が増えるようです。お互いに感染しないように注意をしていくしかありません。望みのワクチンの接種率も日本は先進国では最下位です。

生きていく過程では予測できない多くの出来事に遭遇します。ある意味で人生は儚い夢のように思えます。その時、どのような心構えができていたら苦しみの泥沼に沈まないで済むのかを考えてみたいと思います。

2　旧約聖書に言葉があった

意外なところに良い教材がありました。それはNHKこころの時代で放映された番組のテキスト『それでも生きる旧約聖書「コヘレトの言葉」[1]』で、解説者は小友聡氏（東京神学大学教授）です。この講座は、本来は2020年4月から9月の予定が、コロナ拡大で一時中断を余儀なくされ、2020年11月から6回シリーズで放送されていました。11月14日の第一回を見た時に、そこには次の言葉があり、驚きを覚えました。「コヘレトの言葉」は説教者であるコヘレトがエルサレムの王であったソロモン王の名を借りて智慧を語っています。

空（くう）の空
空の空、一切は空である。

これは仏教では見慣れた般若心経の「色即是空」「空即是色」の空なのか？　あの分厚い旧約聖書の中に、このような言葉があるとはまったく知りませんでした。1987年版の『新共同訳聖書』では「なんという空（むな）しさ、すべては空しい」と訳されていたようですが、2018年に出版された『聖書協会共同訳』で上記のように改訂されたとのことです。

この「空」は原語のヘブライ語では「へベル」で、へベルには、「空しい」のほかに、「無益」「無意味」という否定的な意味もあるとのこと。小友氏は本文中にこの「空」という言葉が38回も繰り返し出てくるのは意図的であり、単に「空しい」とだけ受け取るのではなく「束の間」と時間的に短いことと、とらえるべきとしています。

この「束の間」と訳すと「空の空、一切は空である」は「すべては、ほんの束の間である」との意味となり、空しさという否定的で厭世的な感じが一変してきます。「人生は、ほんの束の間である」から時間を無駄にするな、今を大切に生きていきなさいと背中を押されているような思いが自然に出てきます。

この冒頭の言葉に続きに、次のような文章があります。

太陽の下、なされるあらゆる労苦は、
人に何の益をもたらすのか。
一代が過ぎ、また一代が興る。
地はとこしえに変わらない。
（中略）

すべてのことが人を疲れさせる。
語り尽くすことはできず
目は見ても飽き足らず
耳は聞いても満たされない。
すべてあったことはこれからもあり
すでに行われたことはこれからも行われる。

大自然の中でなされる人の労苦を伴うあらゆる営みは、人生に何の益をもたらすのかと投げかけて、過ぎ行く人生の姿を淡々と語っています。

小友氏は、コヘレトの言葉は新約聖書のイエスの言葉にも影響していると、「マタイによる福音書」の有名な「山上の説教」でイエスが弟子たちに教えを説く場面を例に説明をしています。

「あなたがたのうちの誰が、思い煩ったからといって、寿命を僅かでも延ばすことができようか。……野の花がどのように育つのか、よく学びなさい。……今日は生えていて、明日は炉に投げ込まれる野の花でさえ、神はこのように装ってくださる。」

小友氏はこの文章には、もう一つの真理があると注目しています。それは、イエスが野の花を指さして、明日をもわからない束の間の命であるが、美しく咲き誇っているのです。あなたがたも神の恵みを受けた存在なのですから、思い煩うことはやめようと説いていると解釈しています。先の文章の「寿命を僅かでも延ばすことができようか」の「寿命」を「ヘベル」に置き換えてみると、意味がよくわかるでしょうと述べています。

・異端の書とすら言われる旧約聖書の「コヘレトの言葉」が、新約聖書のイエスの教えと深いところで繋がっていることは、普通は誰も考えもしないでしょう。けれども、紀元前後に誕生したナザレのイエスが、すでに成立していた聖書で「コヘレトの言葉」をよんでいてもおかしくありません。いや、きっと読んでいたはずです。（44頁）

新約聖書のイエスの言葉にも影響を与えていると記しています。

コヘレトの言葉は、短く、限りある「束の間」の人生であるからこそ意味があるのだと教えてくれています。著者の小友氏は自身が脳梗塞を発症し救急搬送され、死を覚悟した時の経験を語っています。

何日も点滴だけで命を繋ぎ、ようやく起き上がることができ、初めてお粥を食べさせてもらった時に、ひと匙の粥で、喜びに打ち震えたこと。そして、体の中に命が通っていく、その感覚に「ああ、生かされているんだ!!」と強く思ったことを体験して、人生は限られているということを、いやおうなく実感させられたと回顧しています。

人生は「ほんの束の間」であると心底から思えたからこそ、食事ができる日常の生活に幸せを見出したのでしょう。関連する次のような言葉もあります。

私は知った。
一生の間、喜び、幸せを作り出す以外に、人の子らに幸せはない。
また、すべての人は食べ、飲みあらゆる労苦の内に幸せを見いだす。
これこそが神の賜物である。（46頁）

3　生きていることに気づく

人は、何時いかなる時に、不慮の事故に遭遇するかはまったくわかりません。平和に見える日本でも、東日本大震災や熊本地震、集中豪雨での堤防決壊、新型コロナウイルスの蔓延など絶え間なく、生命の危機に瀕しています。また、世界に目を向けると、戦乱の中で厳しい生活を強いられている避難民や、独裁的指導者によって政治的圧政に苦しんでいる国民も多数います。彼らにとって生きていることは、苦しみばかりで夢も希望もありません が、僅かな食料を家族で分け合い、平穏な食事の時間が流れた時に、そこに生きる喜びを感じていることでしょう。

人生は束の間なのです。いのちは自然から与えられたものです。生きている今を、どのように生き抜いていくかは、各自に問いかけられている宿題のようなものです。生きていれば、先のことはわかりませんが、あらたな変化にも巡り合うこともあります。世の中は、不条理なことが多くありますが、向き合い続け、思考停止しないで、前に向かって進むことで宿題を済ませることができるのではないでしょうか。

生きることは死の裏打ちがあるから、意味を見出せるのです。テキストにも、「もし人が2千年の寿命を約束されたら、今を生きる人生の意味は消失します。人生は死という終わりがあるからこそ、意味があるのです」と。例えば、癌で余命が宣言された時、私たちは慌てふためきます。死が迫ると、この世から去らねばならない心細さと、無念さが襲ってきます。なぜでしょうか。生きることへの強い執着があり、今までの個人的蓄積が一切失われる空しさや寂しさでしょう。

4　生きているのは今のこの瞬間

注意深く見つめると、余命が宣告されても、されなくても生きているのは、今のこの瞬間だけなのです。普段は、漠然と明日や明後日が約束されているように妄想しているのです。まだまだ5年や10年はあると、淡い期待の中で生きているのが現実です。今を生きていることが、いかに貴重なことか心から頷けた時に、苦しみの泥沼に沈まない準備が整いつつあるのかと思います。日常では、生きている今に気づいていないのです。死が目の前に迫ると、はっとして、生きていると気づかされるのです。その時、心は準備不足で苦しみの泥沼に足を取られるのです。

小友氏は講座の最後を次のように結んでいます。

・明日が見えなくても、今日を生きよ。今、この時を生きよ。涙を拭って前に進め。明日に向かって種を蒔け。コヘレトは、そう呼びかけています。

旧約聖書にこのような現代にも通ずる「コヘレトの言葉」があり、生きていく上で多くの示唆に富む有益な言葉があることを知りました。この世に生を受けたことは、希に見る貴重なことなのです。「涙を拭って前に進め。明日に向かって種を蒔け」とは人生への素晴らしい応援歌です。

5　仏教とキリスト教では、存在の捉え方が異なる

仏教の「空」はコヘレトの言葉と異なる意味で使用しています。仏教には諸行無常という代表的な言葉があります。諸行無常とは、この世のあらゆることは、絶え間なく変化をしている無常の姿をしており、固定した実体はないと教えています。私たちは感覚器官（眼、耳、鼻、舌、身）から入る情報を、色や形、音、匂い、味覚、触覚として脳（意）で認識して、好き勝手な概念や妄想を作り出しているのです。これらは瞬間、瞬間に変化してるから、固定的な実体はないと説いています。さらに、私たち生きものは相互に依存し合って成り立っていて、独立して存在するものはないのです。そのことを諸法無我と言っています。このように、すべてのものが因縁によって繋がり、固定的な実体がない状態を「空」と表現しています。

自我のないことに気づく

実体がないとわかれば、私という「自我」がないことに気づけるのです。私のもの、あなたのものと主張する必要がないのです。それ故、ものごとに執着することがなくなり、

自然と手放すことになり、苦しみからの解放がもたらされるのです。

コヘレトの言葉は、この世にある草花も私も、束の間の実体として認めています。死によって終わる儚い存在であるから、精一杯生きよと私たちに呼びかけているのです。普通に生活している我々の目線で、生きることの意味を教え、背中を押してくれる言葉です。

繰り返しになりますが、仏教では生命の本質に迫っています。あらゆるものは無常であり、絶え間なく変化し、多くの要因が相互に依存し合って存在していると説いているのです。そこには、私という存在はない「無我」であると。言葉で言うのは簡単ですが、実感として体得することが大切で、そのために瞑想実践や坐禅などの修行が求められています。

キリスト教は、神がすべてを決めたところから始まるので、人間の本質（生命の在り方）を見極めることをしていないように思われます。しかし、日本の大乗仏教も阿弥陀仏や大日如来、観音菩薩など信仰の対象を沢山出現させています。苦しみや死期が迫ると、阿弥陀様や観音様に心の救済を求めているのが現状です。

信仰は個人の主観的な問題です。心の安らぎが得られるなら、何を選択するかは自由ですが、基本的な知識を習得しておくことも必要であると考えます。

参考文献
（1）小友聡著『それでも生きる　旧約聖書「コヘレトの言葉」』（ＮＨＫ出版、２０２０年）

四　混迷の中の日本仏教

1　衝撃的事件で何が見えたか

2022年7月8日に選挙の応援演説中に安倍元首相が銃弾に倒れる衝撃的な出来事がありました。犯人は母親が宗教教団（元統一教会）に多額の金銭を貢ぎ、家庭が崩壊した怨みを安倍元首相に向けたと報道されています。新興宗教に関しては昔から騒ぎがあり、私の至近な例として、若い頃に近所に住む創価学会の信者にしつこく誘われた経験がありました。誘いには乗ることはありませんでしたが、騒がしかったことを思いだします。公明党という政治団体もでき、選挙のたびに今でも信者の人から必ず電話が掛かってきます。政治家（特に与党議員）と宗教（特に新興宗教）は双方に利用価値があるから、昔から結び付いていることが知られています。カルト的新興宗教でも彼らの行動には触れないで、選挙での利用価値があるから長年に亘り相互依存関係が継続していたことが、今回の銃撃事件で明らかになっています。この事件がなければマスコミも取り上げることもなく闇に閉ざされていたでしょう。

2　日本は仏教国なのか

日本は仏教国であると言われますが、多くの人達は漠然と仏教に興味を持っている程度であり、仏教のことを深くは理解していないと思われます。日本の仏教を語る時には、一概に仏教と言っても伝統的な宗派にも主なものとして、天台宗、真言宗、日蓮宗、浄土宗、浄土真宗、時宗、臨済宗、曹洞宗など多くあり、何を選んでよいか分かりますか？　仏教に、もし興味を持って話を聞きたいと思った時に、何処のお寺を訪ねたらよいか、皆目見当がつかないのが現状です。私の父方の菩提寺は天台宗ですが、母方は曹洞宗でした。葬儀や法事の時にしか訪れることもなく、葬儀や法事の読経も全く理解できませんでした。最近の親族の葬儀の例では、私の実の妹の葬儀は天台宗で、妻の姉妹の長姉は浄土真宗、次女の旦那の時は日蓮宗で葬式を経験しました。それぞれ儀式の作法は大きく異なり、世間的な慣習としてなされています。鎌倉時代の新興宗教も国民に支持を受け発展してきましたが、長い時間の経過の中で伝統仏教と言われるようになり、今日その活力は失われてきています。所属している信者の方はそんなことはないと思っているでしょうが、関係のない一般庶民からは見えないのです。

多くの人が、仏教との関わりは葬式の時だけで、寺に行っても、生き方などについての説法など聴く機会はほとんどありません。また、人生に悩んだ時、寺の門を叩いても、相談にのってくれるところがあるでしょうか。一方、新興宗教は悩んでいそうな人に、相手側から声をかけ親身に相談に応じているそぶりをします。最初は身分を隠し接近し、頃合いを見て集会に誘うようです。現在でも大学構内は絶好の狩場になっているとの報道があります。以前に述べましたが、妹の娘（姪）も大学構内で引き込まれ、最終的には合同結婚式で韓国に行く直前で救出に成功しました。主婦の場合は、狙いを定めた主婦を主婦仲間の信者の女性が、言葉巧みに近寄り集会に執拗に誘ってくるのでしょう。どちらにしても宗教的知識（常識）がこちら側にないと、断わり切れないで洗脳されることになります。日本では学校教育で宗教的教育を受けることがないので最低限の常識がなく抵抗力を持っていません。ワクチンを接種しないでコロナウイルスに感染するようなものです。

3　日本の仏教は大きく変質した

そもそも菩提寺ということ自体が先祖から伝わってきたもので、遡れば江戸時代に江戸幕府の宗教統制政策から生まれた制度です。寺院がそれぞれの地域の住人を檀家として戸籍を管理して、葬儀や供養を独占的に執り行うことができる檀家制度を定めたことに由来しています。

檀家とは、菩提寺に先祖の供養を取り仕切ってもらう家のことで、任せる代わりに、お布施や寄付をしてその寺を経済的に支援をする関係にあります。現在は地域共同体が崩壊して、人々は都会に集中しており、核家族化が進み、昔からの習慣で何となく田舎の寺につながっているこの制度は辛うじて存続している状況です。

このような環境の中で、仏教を学んでみたいと思っても間口が広すぎて戸惑うと思います。そもそも仏教とは何か？　どの寺を訪ねるかによって、信仰方向が大きく異なってきます。

一般的には、仏教の講演会に出席して法話を聞いたり、書店で書棚に並んでいる仏教関係の書物をながめて、パラパラと頁をめくり、興味を持った本を購入して読んだりしながら、善き縁につながるまでウロウロすることになります。葬式の時だけにしか、仏教に縁がない初心者にとっては、どの道を選ぶか困惑するのが日本仏教の現状ではないでしょうか。

4　日本の伝統仏教の衰退が見える

伝統仏教の宗派は本山の大寺院と多くの末寺を持つ巨大な組織を形成しています。本山と言われる大寺院は半ば観光寺院になっています。末寺は地域の葬祭を行うことを主な業務とする一般の家庭と変わることはなく、仏教の教えを日常的に布教する地域のセンターではありません。現在は各宗派ともに住職のいない寺が増えているようです。

真剣に生き方を求めて僧侶になる修行僧は少なく、ほとんどが実家の寺を継ぐために、専門の修行道場で1から3年修行した子息が後継ぎとなっていると聞いています。若い頃から生き方に悩み、大学は出たけれど心の安寧を求めて仏門に入り、修行した禅僧の心の遍歴を記した本[1]に出合いました。著者の内山興正老師は、序話のところで、沢木興道老師について得度をし、出家したのが30歳の頃。それから18年間、沢木老師だけについて坐禅修行をしている。50歳頃（本を書いた昭和40年頃）の今でも京都の街で乞食托鉢している内山老師が日本の仏教について述べています。

・仏教という――私が仏教の話をもちだすとき、いつもとてもヒケ目を感ずるのですが、それというのもあまりにも、こんにち仏教という言葉を聞いただけでもウンザリする人たちが多すぎるからです。

仏教が日本に入ってから、千四百、五百年もたったでしょうが、この間に仏教僧侶は一体、何をやってきたか、わずかな例外をのぞいて、彼らは日本人に少しも仏教の真髄を教えなかったばかりではなく、かえって反対に、ちょっと仏教と聞いただけでもウンザリするほどに、日本人をシツケテくれました。まことに驚くべき業績といわねばなりません。

私が60歳定年後に、元の職場の仲間に、仏教の勉強を始めていると話すと「後藤さん大丈夫ですか」と心配されたことがありました。その後も、集まりがあって仏教の話を話題にしても退屈なこととして、盛り上がることはなく途切れてしまいます。

世間的な仕事も終わり、時間に余裕ができたので坐禅会に参加して、和尚の法話を聴いたりしていても、途中で断念する方が多くいます。また、般若心経の解説本を購入し読んでみるが、理解不十分のままに終了する方もいます。坐禅会に参加して熱心に勉強を始めても、ほとんどが坐禅で何かを得ることはないので、仏教とは何かとの問いは自然消滅しています。

現代においても日本人の宗教感覚に鎌倉期に登場した新仏教は大きな影響を与えています。初めて民衆のこころに、仏教が届いた時であったと思いますが初期仏教から見ると宗派の開祖が前面にでてきて、釈迦はその陰に隠れた状態で、初期仏教の面影は薄らいでいます。しかし、釈迦の教えの真髄である「慈悲のこころ」は底に流れています。

先ずは、個人が「思いやりの心」を持って社会に貢献できるように変わることです。家庭が社会の最小単位で、そこに平和がなくて国や国際社会が平和になることはありません。人間は歳をとると意固地になり、家庭や社会の平穏を乱す人もいます。しかし、長い人生を経て多くの経験を積んできているのですから、率先して平和な家庭や地域社会に貢献することで、生きがいにつながると思います。最も身近にできる幸せ作りの人生なのではないでしょうか。

参考文献

（1）内山興正著『自己　ある禅僧の心の遍歴』（大法輪閣、２００４年）

第五章　人生に後戻りはない

伏久者飛必高

一毅書

一　生きているということ

1　苦しみに満ちた世界

仏教では、人生は苦であると説かれています。最近の世界を見れば、新型コロナウイルスの世界的な蔓延により日常生活は様変わりを強いられています。また、ロシアの武力侵攻によりウクライナの人々は死の恐怖と破壊された故郷を離れる苦しみに直面していきます。遠く離れていても、情報通信の発達した現代では、リアルタイムで悲惨な状況を知って我々にも苦しみが生まれます。現代社会は科学技術や近代文化が進歩した世界になったように思えますが、極端な貧富の格差、人種差別、権力者による武力侵攻などにより、理不尽な苦痛が引き起こされています。

日常生活の中で、苦しむのは自分が抱く思いや期待がその通りにならないから起こると言われています。その最も大きな苦しみは「生老病死」です。生まれてくる苦しみ・老いの苦しみ・病気の苦しみ・死んでいく苦しみという事実です。生まれたということは死にゆくことでもあり、表裏一体の関係です。更に、愛するものと別れなければならない苦しみ、怨み憎んでいるものと会わなければならない苦しみ、求めるものが手に入らない苦しみ、心身がコントロールできない苦しみ、などは生きている限り避けることができない苦悩です。

生まれたことも自ら知るすべもなく、誰を両親とするかも知らずにこの世に生を受け、成長するためにも多くの人様のお世話になっている「私」という存在があります。人生とは何か、生きる目的は何か、と誰かに問いかけたくなりますが、自らに向き合い、答えを導き出すことが必要ではないでしょうか。

2　無常を生きる

自然の移ろいは私たちに無常の姿を見せています。待ち望んだ桜が散り、若葉が眩しい新緑の季節になりました。移り変わりの速さに時の流れを感じると共に、清々しい気分を味わうこともできます。このように時々刻々と変化する自然を観察している我が身は、変わっているとは感じられません。しかし、ミクロな視点で見ると、絶え間ない変化をしている無常の身体を知ることができます。一例ですが、福岡伸一氏の本『動的平衡　ダイアローグ』[1]に、次のような言葉があります。

・私たちの体は、分子や細胞レベルで絶えず分解され、入れ替わり、再構成されていて、それを構成する要素が生みだす「流れ」である。（30頁）

口から入った食物は胃で消化され、腸で最小のアミノ酸にまで分解され、腸壁から吸収されて、血液で全身の細胞に運ばれて、そこで必要とされるタンパク質に再構成されています。極論すると、生きている時は、この働きは一刻も止まることなく、私たちの体は分解と生成をくり返し、構成する要素の流れと見ることができると述べているのです。

また、この本の対話者の一人である僧侶の玄侑宗久氏は、次のようにも語っています。

・現代人にとって、自分が観察者となって移りゆく世の中を眺め、「世界は変化し続けている」と思うことは難しくないと思うのです。でも「そう思う自分も、無常に変化しつつある」と知ることは決して簡単ではない。人間は、ついつい信念、確信、信条といった無常ならざるもので自分を支えようとしてしまいます。（108頁）

今ここにいる自分が、一瞬一瞬に変化していると感じとることは難しいと思います。常に同じ自分がいると思って生活しています。絶え間なく変化する無常の姿を想像することもなく、「私」という確固たる自分はいると感じているのです。

意識している「私」も時々刻々と変わっています。この無常を確りと意識することで、苦しみの原因は確実に少なくなります。若さを保ちたい、死にたくないなどと叶えられない欲望に執着している限り、苦しみの種はつきません。執着を離れることは言葉で表すと簡単ですが、難しい現実があります。

3　歴史はくり返す

生きていることの本質は「無常」であっても、人生の中には喜びも悲しみも苦しみもあります。人間は感情に支配されている動物です。誰でも幸せになりたい、楽しく、有意義な人生でありたいと願っています。だが現実は、ロシアによるウクライナ侵攻のように理不尽な避けがたい不幸が襲ってきます。歴史を振り返っても絶えず同じようなことがくり返して起こっています。

古代につながる両面宿儺（りょうめんすくな）

円空の木仏像が多数所蔵されている岐阜県高山市の千光寺を訪れて、微笑みをたたえた木造の諸仏や神像を見学することが目的でした。円空は江戸時代前期（1632～95年）の修験僧で生涯に1万2000体の仏像を作り、300年以上経った現在でも各地に多くの仏像や神々の木彫像が残っています。

千光寺の円空仏寺宝館で、両面宿儺像が話題になっていることを初めて知りました。それは最近の漫画やアニメに両面宿儺が登場し、若者の話題となっていることの影響で、円空作の両面宿儺も人気になり、多くの若者が千光寺を訪れるようになったとの説明がありました。写真１に示すように、二面の顔で手には斧を持ち、腰に剣を差した妖怪のような木仏像です。

写真１　両面宿儺の木仏像（千光寺のパンフレットより転載）

　更に、両面宿儺が日本書紀に記載されていることを知り驚きました。寺のパンフレットには、千光寺は１６００年余の古刹で、仁徳天皇の時代に飛騨の豪族・両面宿儺の開創によると伝えられ、仏教の寺院としては、１２００年前に、空海の十大弟子の真如親王によって真言密教の飛騨祈願所として建立されたとのことです。

　日本書紀(2)の仁徳天皇（第16代、５世紀前半ころ）の章に次のように記述されています。

・六十五年、飛驒国に宿儺という人があり、体は一つで二つの顔があった。顔は背き合っていて、頂は一つになり項（うなじ）はなかった。それぞれ手足があり、膝はあるがひかがみはなかった。力は強くて敏捷であった。左と右に剣を佩（おび）て、四つの手で弓矢を使った。皇命に従わず、人民を略奪するのを楽しみとした。それで和田臣の先祖の難波根子武振熊を遣わして殺させた。（249頁）

文中のひかがみは辞書によると膝のうしろのくぼんでいる所とあります。顔が二つで手が四本あったとは真偽のほどは分かりませんが、風体が異形だったのでしょうか。大和朝廷の皇命に従わず、人民を略奪していたので成敗したと記されています。仏教では十一面観音とか千手観音などの異形の仏を見慣れている私たちの信仰の面からみると異形の仏像は普通に受け入れられます。

両面宿儺の像は、古い伝えを聞いて千光寺に逗留している間に木仏像として制作したと思われます。日本書紀に記載されている悪人ではなく、地域の伝承では悪鬼や竜を退治して、寺院を開創するような地域に貢献した豪族であったが、大和朝廷に服従しなかったことで討伐されたと推測されます。この両面宿儺に関しては全く予期していなかったので、漫画やアニメの影響の凄さを実感しました。

千光寺は永禄7年（1565年）甲斐の武田信玄の将、山県昌景の軍勢に攻められ、兵火により堂宇は焼失しています。25年後に飛騨の国主となった金森公が名刹を惜しんで再興したのが現在の寺とのことです。

4　選択できない人生

現代でも飛騨高山は山岳地帯であり、名古屋からJR高山線の特急列車に乗ると、深い渓谷に沿って約3時間走り、遠方にアルプスを望む、低い山に囲まれた高山市に着きます。日本書紀の仁徳天皇の時代に、すでにこのような山岳地域まで大和朝廷の支配権が及び、命令に従わない豪族を滅ぼしている事実があることを知りました。更に、時代も下がり戦国時代には武田信玄が侵攻して、千光寺は兵火により焼失しています。

何時の時代でも歴史は勝者の記録です。大和朝廷や武田信玄は侵略者であっても悪者として記録されていません。ロシアのプーチン大統領のウクライナ情勢を語る言葉はロシア人には真実となり、ウクライナからの情報は捏造であると思いこまされています。

たまたま、ある時代に生きた人々は戦火の苦しみを受けます。人は生まれる時（時代）や国や地域などを選択できません。生まれたからには与えられた環境で、束の間の人生を生きることになります。その与えられた環境でどのように生きるかが、その人の人生です。

日本に生まれ育った私たちの先輩は大きな戦火に遭い、沢山の人たちが命を落としています。その後、77年以上経過した現代のわれわれは幸いにも戦火を経験することもなく平穏な日々を過ごしています。まだ来ない将来は何が起こるかは分かりません。生きている今が幸せな時です。この生かされている今に、感謝して、欲張らず、謙虚に生き切ることが本当の幸せと言えるのではないでしょうか。

参考文献

（1）福岡伸一著『動的平衡　ダイアローグ』（木楽舎、２０１４年）
（2）宇治谷孟著『日本書紀　全現代語訳（上）』（講談社学術文庫、１９８８年）

二　五つの真理

1　ある質問

定年後に仏教の勉強を始めている方から、仏教では死後をどのように考えているのですかと質問を受けました。死後に不安を感じているようですので、私はそれに対して、生きている間は死を経験することはできないし、死後は私としての意識がなくなるので、心配することは何もないと答えました。

死後のことをあれこれ考え心配する人がいますが、よく考えてみて下さい。この世に生を受けて活動したすべてのものが死によって精算されているのです。歴史上に名を遺した人達でも個人としての身体や心は完全に消えていきます。でも魂は残るのではないですか？　と問いかけてきます。魂とはなんですかと質問したくなります。なんとしてもこの世につながっていたいのです。

肉体を離れて霊魂は存在すると信じている人はいるようです。しかし、霊魂はあると言っている人は、自分の心の中に、亡くなった方への強い思いがあり、霊魂はその思いが創り出した想念ではないでしょうか。人の生き様や、言葉は、身近にいて影響を受けた人には引き継がれて、心の中で反復され活き活きと蘇りますが、時と共に残像や影響は希薄になり、変化し、変質します。ブッダのような偉大な人ですら、真意がそのまま伝わることはなく、その時代に生きた人を取り巻く気候風土や社会環境により、受け止め方も変わって、変質していきます。日本の仏教の例を見れば分かるように、中国を経由して伝播したことで、中国の道教や儒教の影響を強く受けています。ブッダの当初の教えからは、大きく変質しています。さらに、日本に古代からの神様があり、あらゆるところに神が存在し、災害も、山の神、海の神の怒りで、その祟りを鎮めるための舞や祭りが奉納されています。

誰でもこの世に未練はあります。何とか生きていたい、死にたくないとの思いは万人共通の強い生存の願いです。しかし、人間は生きものです。生きているとは、常に食物を食べ、水を飲み、呼吸をしていないと体は維持できません。この世に生まれた瞬間から、激しく変化していく環境の中で、病気になり、老齢になり、最後は死で終わるのです。この基本原則は変わることはありません。誰でも分かっているけれど、日常では思いだすこともなく、考えたくない事実です。

2　生死を考える

生きること、死ぬことをどう考えるか、参考になる教えとして道元の正法眼蔵の「生死」

の巻に次のようなことが述べられています。現代語訳された分かり易い文章がありましたので、紹介します。著者はネルケ無方師、『道元を逆輸入する』[1]からの抜粋です。ネルケ無方師は曹洞宗の僧侶で、ドイツで16歳のとき坐禅と出会い、来日して安泰寺で半年間修行に参加。その後ドイツの大学のドクターコースを中退、再来日して安泰寺で出家得度し、2002年より安泰寺堂頭（住職）をしていた異色の禅僧です。英訳するために道元の代表的な文章を例にして適切な英語表現を検討しているので、英文から再度日本語訳をしています。その訳文を示します。

・もしあなたが、生が死に代わると考えたならば、それ間違いだ。生は一瞬のありようであり、それには【先】もあれば【後】もある。だから、ものごとのありのままの姿に目覚めれば、あなたは「生は誕生しない」というだろう。同じように滅も一瞬のありようであり、それにはやはり【先】もあれば【後】もある。だから、滅は不滅だ。あなたが【生】といえば、その生以外には何も存在しない。あなたが【滅】といえば、その滅以外には何も存在しない。生きるときは、ただ生きるために生きろ。滅びるときは、ただ滅びるために、滅びよ。くよくよするな。あれこれ欲しがるな。今の生死はそのまま、仏の命なのだ。　（235頁）

ネルケ師の現代語訳で「滅び」を「死ぬ」と言い変えるとさらにスッキリします。

「生きるときは、ただ生きるために生きろ、死ぬときは、ただ死ぬために、死ねばよい。くよくよするな。あれこれ欲しがるな。今の生死はそのまま、天地一杯の我なのだ。」

この天地一杯の我とは、大自然と一つにつながった真実の自己の姿です。

これに続く正法眼蔵の「生死」文を意訳して示します。

・仏となるのは、容易な道がある。諸々の悪事をしないこと、生死に執着することもなく、生きとし生けるもののために、あわれみふかくして、上をうやまい、下をあわれみ、いろいろな物事を厭うこと、願う心をおこさないで、憂うる心がなければ、それを仏と言うのである。他に仏を求めてはならない。

道元が示している仏とは、「悪いことをせず、生死にこだわることなく、生きとし生けるものに憐れみの心を持ち、嫌うこともなく、願うこともなく、嘆き悲しむ心を離れればそれが仏である」と言っています。こう言われると身近な存在として感じられます。普段、仏と聞くと、どうしても私たちは大寺院の奥まったところに安置されている釈迦像や観音菩薩、弥勒菩薩、文殊菩薩などの諸仏像を思いうかべて、自分とはかけ離れたものを連想してしまいます。仏とは生きている私たちの心の持ち方一つで、現前してくるようです。

3　人生は「砂時計」である

松井孝典氏の本『138億年の人生論』[2]の中で、人生は「砂時計」であるとの一文に出会いました。老齢になると、人生について思い巡らすようになるのは、砂時計のようなものであると述べられています。

まだ砂がたくさん残っているときには、砂の減り方がわずかで分からない。つまり人生なんて考えようともしない。しかし、残りの砂が少なくなると、急激に砂の減り方が速くなったと感じるようになる。そうなってから人生をどうしようと考えても、本当は遅いのですと述べています。私も老後の時間経過がなんと速いことかと感じています。

松井氏は20歳くらいまでに何をするか考えれば、その人生は必ず実現しますと、ご自身の経験を踏まえて言っています。しかし、多くの人は、定年が近づいた50歳から60歳頃に、漠然と先のことを思い悩み、どうしようかと考えはじめます。何を考えるかが問題です。キャンピングカーで日本一周とか、夫婦で世界旅行とかの夢を描きます。組織の一員として縛られていた時間を自由に謳歌したいといろいろ計画を立て実行できても幸福な時間はあっという間に過ぎ去ってしまいます。

そもそも、私たちは生まれてきた目的も、何のために生きているかも分からず、ただ生活のために仕事をしているのが実状です。仕事の世界で大きな成果を上げることができればそれは素晴らしいことで、達成したことで自信につながります。しかし、退職して老齢になったとき、仕事での成果は過去のことで、今の自分に物足りなさを感じると思います。このようなときにこそもう一度、生きている限り避けることにできない、老いること、病気になること、死ぬことを思考するのはこれからの生き方の基盤になります。

4　常に観察するべき五つの真理

思考の参考になる資料として、スマナサーラ長老が説いている『瞑想経典　ヴィパッサナー実践のための5つの経典(3)』より五つの真理を要約して示します。各項目毎に私なりのコメントを追記しました。

・老い

私たち「老い」ということを乗り越えていません。「老い」は必ず通らねばならないものなのです。「老いる」ということは自然法則です。「生きる」ということは「老いる」ということと同じです。人間は、若いときに「若さに対する酔い」というものがあります。

「若さ」に酔っていると、高慢になり、放逸になって、悪い行為をするようになります。いわゆる、身体で悪い行為をして、言葉で悪いことを話し、頭で悪いことを考えるのです。これはたいへん危険なことです。なぜなら、そうやってくだらないことに夢中になっている間も歳をとって老いているのですから。若者はそのことにまったく気づいていません。

老いてきたときはさらに残り時間は少ないのです。歳をとると頑固になり、積極性が失われ、貴重な時間を浪費していることに気づいていないのです。若いときだけでなく、「老い」たときでも心すべきことです。

・病気

人間は肉体を持ったら、必ず病気になります。病気といっても、仏教では病気の定義は世の中のものとは異なります。仏教では「手当をしないと死ぬ」ことを「病気」と言います。

仏教的に見ますと、お腹がすくことも、のどが渇くことも病気です。お腹がすいたとき、もしも手当てをせずに何も食べなかったらどうなるでしょうか？　その状態が続くと、死んでしまいます。ですから、これを病気と言うのです。生きること全体が病気でできています。身体の細胞は一つ一つが呼吸をして栄養を摂らないと、生命は生きていけません。それなのに「私は健康だ」などと高慢になって威張っているのは、とんでもない無知でしょう。

自分の体力や健康に酔ってしまったら、どうなるでしょうか？　他人のことばに耳を傾けようとせず、頑固で乱暴になります。放漫で放逸になり、身体でやってはいけない行為をし、口では言っていけないことを言い、頭では考えてはいけないことを考え、その結果として不幸になり、自分だけでなく周りの人たちも不幸に陥れます。

日常の生活で、食事をとることや水分を補給することも手当てをして病気にならないようにしている、との見方には初めて気づかされたように思いました。あまりにも当たり前の行動は生命維持のために意識下で身体が制御しているようです。若い人が太るのを気にして食事制限をすると拒食症という病気になるなど、頭で考え過ぎて不幸になり、家族に心配をかけ、自分だけでなく周りの人たちも不幸に陥れる例などがあります。他にも体力や健康に酔って、暴飲暴食をして健康を害しています。

・死

「生きる」ということが病気と老いでできているなら、最終的には身体は壊れるのに決まっています。それなのに、私たちは妄想の中で生きていますから、私たちの人生プログラムはいつでも「私は死にたくない」という前提でつくられています。私たちの計画や企画、希望、願望のすべては、「私は死にたくない」という前提に基づいています。いかに私たちは嘘の世界で生きていることが、おわかりになるでしょう。

そこで「死は私の本質である」と、常に観察するようにしてください。この思考をしっかりと心にいれておき、その路線で生きてみることです。そうやっていると、心は落ち着いて穏やかになり、常に平静でいられるでしょう。

私たちは生きているという「命に対する酔い」があります。いわゆる「生きること」に酔っていて、生きるためならなんでもやろうとするのです。これは若者や健康な人に限らず、すべての人にあるものです。

「命に対する酔い」がもとでやる悪い行為は、死ぬまでやり続けます。自分の命を脅かすようなことが起こったり、危険な目にあったり、面倒なことが起こったりすると、年齢に関係なく、悪い行為をやってしまうのです。

私たちの人生プログラムは「私は死にたくない」という前提でつくられているなどとは考えてもみませんでした。すべての行動の根底に、このプログラムは働いているのですから病気になると死の影がちらつき怯えるようになるのでしょう。日常は「命に対する酔い」があるために無謀なことや、悪い行為と知りながら、我を張って嘘をつくことをやってしまいます。政治家の国会答弁とその結果を見ればよく分かります。

・私の好きなものはすべて変化して、離れていく

「私が好きで、欲しくて愛着のあるもの」という意味です。その愛着しているすべてに、変化する性質があり、離れる性質があるのです。

自分の欲しいものや好きなものがそろっていると、楽しくて舞い上がって、しかし、反対に、その対象が変わったり、亡くなったり、壊れたりすると、その反動でものすごくショックを受け、立ち直れないほど落ち込んでしまう人も中にはいます。

ですから、最初から「すべてのものは変化する。だから舞い上がって調子にのるべきではない」ということをしっかり理解しているなら、何があっても、ショックを受けたときでも、それほど落ち込むことはないでしょう。

私自身のことですが、身の周りの衣料や家具調度品や溜まった書籍などなかなか処分できないでグズグズしています。以前、母が亡くなり、遺品の処分を始めたときに父親からブレーキがかかったことがありました。すべては変化して、いずれ離れていくものであると分かっていても現実は難しいことです。最近の集中豪雨災害で家や家財一切を失った方々のショックは想像に余りあります。早い時期に、心にしっかりと受け止めることが必要であると感じています。

・業

私というのは「業」のみです。身体の細胞一個一個が、業でできているのです。私は業で作られ、業を相続し、業から生まれ、業を親族とし、業に依存している。私の行為の結果は、善いことであれ悪いことであれ、私が受ける。

業を親族とするの「親族」は、どこに住んでいても親族であって、その血縁が切れることはありません。「決して離れられない自分の親族」といえば「業」なのです。業に依存しているとは「頼れるものは業である」という意味です。生命が頼れるもの、助けになるものは自分の業なのです。しかし、誰でも自分のやった行為の結果からは逃れることはできないのです。

心には、外界の刺激に対して行動を促すエネルギーが生まれ、行動を起こすこともあれば、起こさないこともあります。行動を起こさなくても心に生じたエネルギーが蓄積され、いつか、何らかの形で発散されることになります。このような結果を伴う働きを「業」と言い、心の中に蓄積されます。あらゆる行為の結果が心に蓄積され、自分の行動に反映されるのです。時々刻々、外界の刺激に反応して、何らかの行動を起こします。その結果を相続し、それが次の行動に影響し、それらが善いことであれ、悪いことであれ、自分が受け取ることになります。そのために、悪いことをしない、善いことをする、人に親切にするなどの行為は蓄積され、人格向上につながります。「頼れるものは業である」とも言えます。

先の東京オリンピックで、開催の直前になって式典の演出統括者が不適切発言で辞任、さらには過去のいじめ問題が発覚して辞任した担当者など、自分のやった悪い行為の結果から逃れることができない「業」の事例がありました。

五つの真理を常に念頭にと、スマナサーラ長老のアドバイスがあります。

・「老いること、病気になること、死ぬこと、好きなものは変化し、離れて行くこと、業のことを常に観察する」ことが私たちの生きるモットーであり、生きる路線です。

しかし、俗世間から見ますと、そんなものは生きるモットーではないと思うかもしれません。ですが、この五つの対象を観察することこそが、「人はどう生きるべきか」という問いに対する答えであり、完全に安全な道なのです。

・この五つの項目を暗記して、常に念頭に置いて生きてみてください。これは超越したブッダの知恵で語っているのですから、実践してみれば素晴らしく、この上ない結果が体験できるでしょう。

仏教の善い話を聞いても、実践してはじめて心に残り、行動につながるのです。日常から五つの真理を観察していると、日々の変化に気づき、心の不安が薄れ、落ちつきが得られると思います。年齢には関係なく、気づいたときがスタートです。

参考文献

（1）ネルケ無方著『道元を逆輸入する』（サンガ、2013年）
（2）松井孝典著『138億年の人生論』（飛鳥新社、2018年）
（3）アルボムッレ・スマナサーラ著『瞑想経典編　ヴィパッサナー実践のための5つの経典』（サンガ、2013年）

三　老いの生き方

1　厳しい現実

最近、私の住んでいる地域にも、多くの高齢者施設があることに気づきました。数年前に近所に住んでいたご夫婦が、奥様の足腰が弱って玄関前の階段が大変になり高齢者施設に引っ越して行きました。その後、最寄り駅に行くまでの2キロ位の距離に大きな施設が4件もできました。平均寿命が２０１９年で男性81・41歳、女性87・45歳と世界トップクラスの超高齢化社会になっています。

介護も必要とせずに、自立で生活が送れる期間として定義された健康寿命を２０１６年のデータで見ると男性は72・14年で女性は74・79年と共に70歳前半です。大まかに男性は9年、女性は12年介護の世話になることになります。その上、大変なことは、高齢になると認知症になるリスクが高くなるという現実があります。

後期高齢者になると、足腰は弱くなり、腰が痛い、膝が痛い、すぐ疲れる、転倒しやすい、読書で目が疲れる、読んでもすぐ忘れるなど、身体のタガが緩み、生活に不自由を感じています。その上、新型コロナウイルスに感染すると重症化し、死亡率も上がると言われ、免疫力も落ちているようです。これら身体的な変化だけを見ていると、先々は暗く寂しい現実があるだけと落ち込みそうです。

しかし、負の面だけではありません。私たち高齢者は長生きしたことで、多くの人生を歩んでいます。苦しいこと、楽しいことの多くの場面に遭遇し、人によっては厳しい状況（離婚、大病、企業倒産、失業など）を乗り越えた経験もあり、それらは何事にも代えることはできません。これまでの経験は、ある意味では資産です。プラスに発想を転換し、活かす智慧を出すことができれば、厳しい現実に立ち向かう力が生まれるのではないでしょうか。

2　長寿社会を有意義に生きる

人間に生まれ、この世に生を受けたことは、非常にまれなことなのです。生まれた意味も分からず、人生を歩き始めます。青年は将来への希望と悩みを抱え、多くの時間があると感じています。壮年は社会を支える原動力であり、社会の中心にいて懸命に働いています。老年はやるべきことは終わったが、次の生活の再設計が求められます。

退職し、これからは夫婦でのんびりと旅行を楽しもうと計画していたところ、旦那さんが癌で亡くなられたなどの話を聞いたことがあります。しかし、若くして病気で亡くなる方もいて、残された家族は深い苦しみに沈みます。病気は人生の時期を選びません。生老病死は生きているものの避けることにできない定めです。禅寺に板木と言われる木の板が掛けられていて、行事を知らせる時に木槌でたたいて知らせます。

そこに「生死事大　無常迅速　光陰可惜　時不待人」と書かれています。この世は無常であり、生死を明らかにすることは大事なことである。この世は無常であり、瞬く間に過ぎ行くから、光陰（歳月）を惜しまなければならない、時は人の都合を待ってくれないと告げています。

この言葉は、人生の何時の時期にも当てはまる大事なものです。若い時から人生問題に悩み苦しむ人もいます。最近ご縁のあった一老僧の生涯を紹介します。

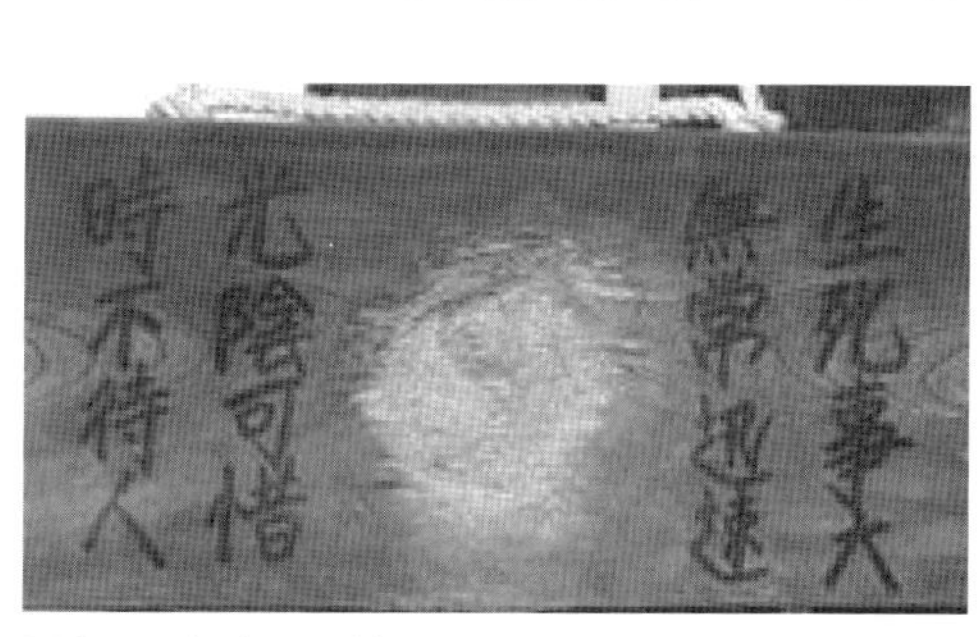

写真２　板木の一例

3　苦しみ抜いた人生問題

10年以上前に、小林義功和尚が上梓した本『義功和尚の臨済録[1]』を読んで、分かり易く臨済録を解説しているので一度会ってみたいと思っていました。その後、すっかり忘れていましたが、２０２１年４月に、２年前にインドの仏跡巡拝旅行で一緒だった方のフェイスブックに、和尚が住んでいる小さな観音堂が紹介されていたのを見て、自宅から比較的近い海老名市にあるので、訪問してみました。お会いすることができて、和尚から法話会（月一度）を紹介されましたので参加しています。

和尚の修行の経緯などは、NHK教育テレビ「こころの時代」で平成18年2月5日に放送された記録「わたしの全国托鉢行脚[2]—対人恐怖が消えた—」がありましたので、そこから概要を記述します。

小林義功和尚は現在神奈川県海老名市にある大谷観音堂の修行者で、昭和20年神奈川県生まれ。42年中央大卒、52年に日本獣医畜産大学卒、55年に得度出家、臨済宗聖福僧堂に8年半、真言宗鹿児島西福寺に5年在籍。平成3年高野山専修学院卒、伝法灌頂（阿闍梨という指導者の資格、正式な僧侶）を受ける。平成5年より2年間、全国行脚を行う中で現在の観音堂との縁

写真3　大谷観音堂

が生まれたとのことです。

仏教に入るきっかけは、自分の中に対人恐怖症という問題があったことです。それは高校に入学した時に、武者小路実篤の『真理先生』を読んで、これは面白いと思い、その後は志賀直哉、夏目漱石、森鷗外など日本文学を乱読し、続いてロシア文学のトルストイやドストエフスキーなど読み進めるうちに、「神はあるのか、ないのか」「真理はどうだ」「どういうふうに生きるのか」など突き詰めていく中で対人恐怖症になったようです。その後、35歳から、先に述べた数々の仏道修行をしています。しかし、これほどの修行をしても、究明していた疑問（生死事大）はスッキリとは晴れていなかったようです。

観音堂で暮らす中で、以前から心に引っかかっていた「臨済録」や「無門関」を思いだしては本を繰り返し読み、解説書も読んでも肝心のところがさっぱり分からなかったとのこと。そのうちに、断片的に意味が見えてきたので、法話会で「臨済録」を始めていたら、高校時代に罹った対人恐怖症が完治している自分に気づいたそうです。放送の中で次のように語っています。

・おそらく頭の中でゴチャゴチャしていたのがスキッとおそらく纏まってきた。そこで自分なりになんとか一つの答えというのが出てきた。そんなことから「臨済録」の話を全部終わった時点ですけど、『義功和尚の臨済録』という本を出版させて頂いたわけですね。

・私は、ずっと「臨済録」をやって気づいたのは、やっぱり「随所に主となれば立処皆真なり」と。要するに自分の心の中における主体性ですね、本当の意味での主体性を確立する。それがやっぱりここの「臨済録」全体に出ているんですね。その主体性を確立する。自分の心の中に疑いを差し挟まない、そういう確固としたもの。それを確立する。

・例えば、禅の場合で、「無」とか「有」とかいう。私は真言宗の坊さんなんですね。真言宗の坊さんが、なんでこういう「臨済録」をやった、と思うかもしれないですが、私の見方からすると、真言は有で、禅宗のほうは無。有と無との関係。要するに表と裏の関係です。表から見るか裏から見るかの差なんです。同じことを説いているんですね。……そうすると、自分の心というのは目に見えないわけですよ。手に掴むこともできないし触れることもできない。「無い」と言ったら、無いようなのがつまりこれ無なんですね。じゃ、この無を現すにはどうしたらいいか、と言ったら、有を使ってでしか現わせないんですね。だから自分の心を現す。例えば手紙を書く。そうすると、手紙に字を書かなければ相手に伝わらないんですね。……或いはこう話をする。話をする時相手に対して思い遣りのある心、それは言葉を通じて、心が向こうへ伝わっていく。ここのところが大切なんですね。

最後に自分の対人恐怖症であったというマイナスな面について述べ、その大きなハンデがあったから今に繋がると言及しています。

・ずっと私はそんなことで苦しんできましたけれども、自分で一番よく思うことは、対人恐怖症があったから今こういう道を歩いてきているんですね。要するに私の心の中で最後は仏さんのとこへいかなければ自分の心は落ち着かない。そのために対人恐怖症というものを私に与えてくださった。そのためにずいぶんいろいろことをやってきましたけど、その結果が今あるんじゃないか、と。そんなふうに思っています。

・人間というのは一日一日の積み重ねが、結果的には一生ということになりますから、まあ一日の中にはいろいろなことがあるわけです。そういう時の私の心というものを大切にしていかなければならない。ここのところじゃないかと思っているんです。

和尚は高校時代から人生を悩み始め、50年経って真理を掴んだと言っています。仏教を学び多くの知識は得ても、臨済録からの例を引きあいに出して、それは雑草が繁茂している荒れ地であると。頭の中の畑を耕し、スッキリさせないと何が真なのか分からないもの、それには「固定観念を作るな」と説いています。長い道のりでしたが和尚は76歳の今、「無門関」の公案である禅問答の真意が理解できるような解説書を書き残したいと意欲を持って取り組んでいます。

菜根譚(3)にある言葉を一つ紹介します。菜根譚は明代末期の儒者洪応明によって著された書物で、先哲の格言や仏教の警語などの短い語録を集めた箴言集です。

天地有萬古、此身不再得、人生只百年、此日最易過、幸生其間者、
不可不知有生之樂、亦不可不懐虚生之憂、（前集107）

意訳：天地は永遠に存在するが、この身は二度と生まれては来ない。人生はただ百年に

すぎないのに、月日のたつのは甚だしく早い。そこで、幸いにこの天地の間に生まれて来たからには、人間として生まれた命の楽しみを知らねばならないし、また、この人生をむなしく過ごしはせぬかという恐れを持たなければならない。

老後の生き方の参考にとまとめました。固定観念を捨てて、執着をなくす努力をすることです。人生は一日一日の積み重ねです。生きているのは今この時です。

参考文献

（1）小林義功著「義功和尚の臨済録」（致知出版社、2005年）
（2）NHK教育テレビ「こころの時代」『わたしの全国托鉢行脚―対人恐怖が消えた―』（2006・02―05）
（3）野口白汀著『実作する古典　菜根譚』（同朋舎出版、1992年）

四　指導者の器で決まる国の命運

世界中の人々の目の前で、繰り広げられているロシアによるウクライナへの武力侵攻はいつ終わるか目途が立っていない。その間に、多くの女性や子供が、住み慣れた家を追われ、亡命を余儀なくされている。戦火で民家や公共施設や病院なども破壊されて、犠牲者が日増しに増えていく状況を見るにつけて、戦争をする人間の愚かさを感じます。

大きな軍事力のある国の一人の独裁的な指導者が、自国の領土を拡張する野望を持ったことで戦争は始まり、多くの犠牲を生み出しています。

1　翻弄されたウクライナの20世紀の歴史

この背景にはソ連時代から翻弄されたウクライナの20世紀の歴史があります。概要を次に示します。

（1）1917年、ロシア革命で、ロシア帝国が崩壊し、レーニンの率いるソヴィエト政権が誕生すると、ウクライナは独立し、ウクライナ人民共和国が成立。この時、初めて、「ウクライナ」という名称が正式な国号の中で用いられる。

（2）1922年、ウクライナは正式にソヴィエト連邦に編入され、ウクライナ人は、ソ連時代も、弾圧され、多くのウクライナ人の知識人や民族運動家が処刑された。

（3）第2次世界大戦がはじまると、ドイツが侵攻し、ウクライナが独ソ戦の舞台となり、国土が焦土と化し、ウクライナ人の死者は、兵士や民間人合わせて、800万人から1400万人と推定され、大戦中の最大の犠牲者を出した。

（4）1953年、スターリンが死ぬと、ウクライナ懐柔政策がはじまり、ソ連によって懐柔されたウクライナ人は法外な給与が支給され、飼い慣らされ、特権化する。
一方、多くのウクライナ農民はスターリン時代と同じく、搾取され続け、貧困に喘いた。

（5）1971年、キエフの北110キロ、ウクライナ北部に位置するチェルノブイリ市近郊で原子力発電所が建設され、ソ連は、原発をウクライナに置くことを一方的に決定し、周辺のウクライナ人に何の説明もないまま、1978年、原子炉を稼働させる。
1986年4月26日、チェルノブイリ原発事故が発生し甚大な被害をだした。

大国に支配され属国になると、搾取され続けて多くの人々は貧困に苦しむことになります。人類が国という領土を持つようになった古代から繰り返されていることであり、世界史を繙けば、そこには領土拡張の野望を持った権力者が、軍事力を背景に侵略をする戦乱の歴史が記述されています。

しかし、歴史を詳細に見ると、必ずしも権力者が征服欲を持った独裁者ばかりではない事実もあります。国民に温かい心を持ち、近隣国とも友好な関係を築いた事例が日本の古代にはありました。

2　世界史の中の古代日本

日本の4世紀から6世紀にかけて巨大な古墳が造られていた古墳時代に興味を持って調べてきました（第三章一〜三）。

ウクライナ問題のことで、世界に目を向けることも必要と考え、4世紀から6世紀の世界に目を向けると、世界情勢はゲルマン民族の大移動によりユーラシア大陸の激動の時代であること知りました。宮崎正勝氏の『早わかり世界史』(1)に分かり易い地政学の地図を見つけましたので参考に示します。

解説によると、5世紀から6世紀は、各地の巨大帝国が内政問題で混乱に陥り、地球環境の寒冷化による北の遊牧民の活動が活発化して、ゲルマン民族の大移動が起こってユーラシアは大混乱時代に入ったとのことです。気候の変動が民族の移動を引き起こしています。図1の右側にある小さな島国である日本列島では大和朝廷が成立したとの記述があります。

そのために、ユーラシア西部のローマ帝国はガリア地方から混乱がはじまり、395年に東西分裂し、476年に西ローマ帝国が滅亡しています。東部の中国大陸では五胡と呼ばれる騎馬遊牧民が黄河中流域を占領。東アジア規模の民族移動による大変動期に入っています。

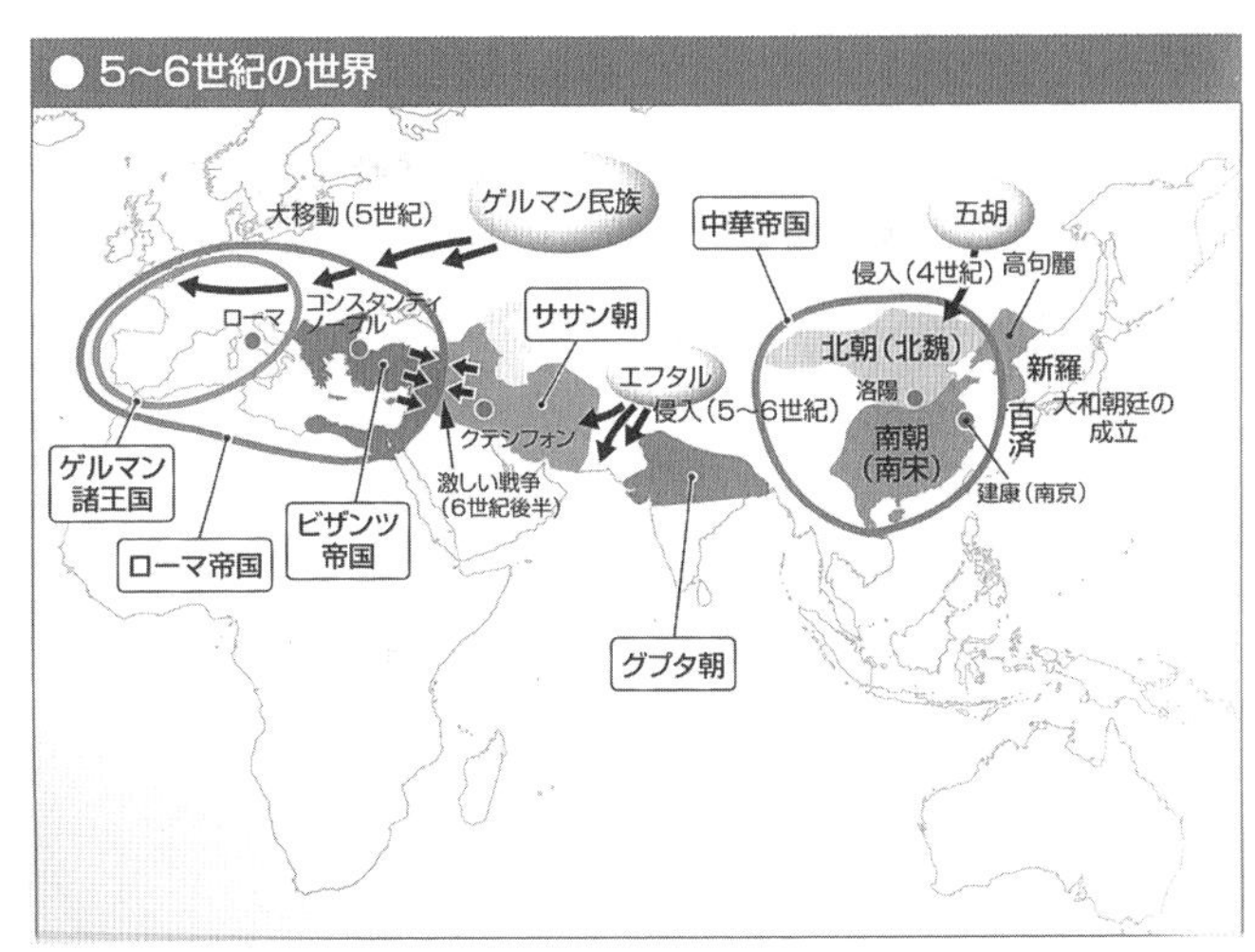

図1　5～6世紀の世界勢力図（宮崎正勝『早わかり世界史』より）

3　東方の島国である古代日本の状況

東方の島国である日本はどのような状況にあったか、日本書紀[2]、続日本紀[3]を繙いて調べてみました。内容の主要なことが高校の歴史副読本である最新日本史図表[4]に簡潔に記述されているので参照しました。

日本書紀によると、3世紀から4世紀の応神天皇の時代（270年〜310年）には多くの渡来人を受け入れて、日本文化の基礎が築かれています。

渡来人の活躍（応神天皇270年〜310年）

・14年春三月、百済王が縫衣工女を奉った。……これがいまの来目衣縫（くめのきぬぬい）の先祖である。
この年、弓月君（ゆづきのきみ）が百済からやってきた。奏上して、「私は私の国の、百二十県の人民を率いてやってきました。しかし新羅人が邪魔をしているので、みな加羅国に留まっています」といった。そこで葛城襲津彦（かずらきのそつひこ）を遣わして、弓月の民を加羅国によばれた。
しかし三年たっても襲津彦は帰ってこなかった。……

・16年8月、精兵を授けて詔して「襲津彦が長らく還ってこない。きっと新羅が邪魔をしているので留まって滞っているのだろう。お前たちは速やかに行って新羅を討ち、その道を開け」といわれた。木菟宿禰（つくのすくね）らは兵を進めて、新羅の国境に臨んだ。新羅の

王は恐れてその罪に服した。そこで弓月の民を率いて、襲津彦と共に還ってきた。（日本書紀、２１７頁）

中央アジアの弓月国の民で、弓月君は渡来人グループである秦氏（はたうじ）のリーダと目されている人物ともいわれるが諸説あり真偽のほどは分かりません。精兵を出すと新羅が恐れを感じるほど、当時の大和王権は戦力を持っていたと思われます。以下は最新日本史図表(4)より渡来人の活躍のまとめとして示します。

応神紀14年　秦氏の弓月君が渡来。
→養蚕・機織りを伝える

応神紀16年　西文氏（かわちのふみうじ）の祖王仁が渡来。
→「論語」・「千字文」を伝え、文筆・出納に従事。

応神紀20年　東漢氏（やまとのあやうじ）の祖阿知使主（あみのみみ）が渡来。
→文筆に優れ、史部（ふひとべ）を管理する。

4　続日本紀に見る国家の安泰

7世紀後半になると古代国家の中央集権体制が進み、律令による国の仕組みが整い始めてきています。続日本紀は、第42代の文武天皇から始まりますが、近隣国とも友好な関係が築かれていて、内政も安定した様子が記載されています。

近隣国との友好関係（文武天皇、慶雲三年（706年）

・正月12日新羅からの使者が帰国するに託して新羅王に勅書を送られた。

天皇は敬んで新羅王にたずねる。使者の献上した貢物はすべて受領した。王が国を領して以来、多くの年がたったが、朝貢に欠けたことがなく、使人もつぎつぎと送られた。忠実なまごころはすでにはっきりとあらわれている。自分はいつもこれを喜んでいる。春の始めでまだ寒いことであるが、王の身に変わりはないであろうか。国内も平安なのであろう。使人が今帰っていくので、安否を問う気持を伝え、国の産物を別掲のごとく託する。（続日本紀、76頁）

応神天皇の時代はいざこざがあったが、文武天皇の時は近隣国との友好な外交情況の様子が窺えます。

国内の規律を正す

・三月一四日　次のような詔が下された。

そもそも礼というものは、天地の正しい法であり、人間の生活の手本である。道徳や仁儀も礼によって初めて広まり、教訓や正しい風俗も礼がそなわることによって成就する。ところがこの頃、諸司の官人の立居振舞は、多くの礼の道にはずれている。そればかりかでなく、男女の区別がない状態で、昼となく夜となく集合している。また聞くところによると、京の内外にけがれた悪臭があるという。これらはまことに担当の役所が取締りを行わないからである。……

　高位高官の者たちは、自ら耕作しないかわりに、然るべき俸禄を受けており、俸禄のある人々は、人民の農事を妨げることがあってはならぬ。（続日本紀、82頁）

古代社会の人として守るべき社会規範は現代と変わらないように思います。市中の風紀の乱れは、最近の渋谷や新宿など都心の様子を見るように思いますがいかがでしょうか。

敬老・社会福祉の詔（天明天皇、和同元年、708年）

・高齢の人民で百歳以上のものは、籾・三斛*（こく）を与える。九十以上には二斛、八十以上には一斛、孝子・順孫（よく祖父母に仕える孫）・義夫・節婦は、家の門と村里の門に掲示し、三年間租税負担を免除する。男女のやもめ・孤児・独居の老人や、自活でき

ない者には籾一斛を与える。（98頁）

敬老・福祉がしっかりとなされていて、今の時代より手厚いのではと思うほどです。私達は平均寿命という数値に惑わされて、古代人の寿命は短いとの誤解があるようですが、百歳以上の高齢者がいたことに驚きました。高齢者や社会的に恵まれない人たちにも行政の目が行き届いています。

＊注：斛は容量の単位で、昔の一斛は十斗で、随・唐代では約59リットル。

（藤堂明保編『学研漢和大字典』学習研究社）

5　仏教の視点でウクライナ問題を考える

人間は意識して心を制御しないと、欲望や妬み、怨み、憎しみ、怒りなどの感情に支配されて、動物たちより始末の悪い存在です。動物は命をつなぐために、他の動物を殺さなければ生きられません。空腹になれば殺生しますが、満たされればそれ以上は殺しません。ブッダは人が守るべき五つの戒め（不殺生、不偸盗、不邪淫、不妄語、不飲酒）を示しています。

第1番目が「殺すなかれ」です。

戦争になると殺し合いです。ウクライナでは無差別爆撃で多くの市民が殺されています。殺生する気持ちは人間にも動物にもある動きです。動物はあるところで本能的にブレーキがかかりますが、人間は意識を働かせて、殺したい感情を抑えなければならないのです。

2番目は「盗むなかれ」です。

平和に暮らしている隣国を自国の領土にしたいと思った権力者は、戦力が勝れば、実行してしまいます。欲望が抑えられないのです。これも人間の本能のなせる行為です。ウクライナ人は自由のある欧州連合に加盟したいのです。自国の領土拡張の欲望だけで行動を起こした戦争です。相手のことに思いを致すことができれば、理性が生まれ、踏みとどまれるのですが、ブレーキを踏むことを忘れています。人類の歴史を見ると、領土の奪い合いが果てしなく続いています。

4番目は「嘘をつくなかれ」です。

自分の利益になることは嘘をついても悪いと思っていない。国内向けの放送は嘘で固められています。普段、私達は大なり小なり自己弁護のために嘘をついています。自分の利益を確保するためです。これも本能の働きです。意識して言葉を使わなければばなりません。

国もメディアも加工された都合のよい情報を流します。真実を見極めるのは難しいことです。

五戒のうちの三項目（不殺生戒、不偸盗戒、不妄語戒）を守ることができなかった残念な事例です。誰でも理屈では分かっているのですが、守ることの難しさは体験していると思います。仏教の不殺生は人間を含む生きものを殺すなかれといっているのです。私達は動物（牛、豚、魚など）を殺しているのです。自分は殺していないといっても、新鮮な生肉は美味しいなどと言って食べています。

しかし、争いを完全に止めることのできるブッダの言葉があります。

「実にこの世に於いては、怨みに報いるに怨みを以ってしたならば、ついに怨みが息むことがない。怨みをすててこそ息む。これは永遠の真理である。」（法句経　五）

これこそが真理だと思います。ウクライナ、ロシア共に過去の大きな怨みがあって、感情を抑制することができないのです。怨みには怨みで、の感情で戦争をしています。

このブッダの言葉が人々の心に届いた歴史的な実例が、２０２０年に作成した冊子『日本を救ったブッダの言葉』にあります。戦後、日本の敗戦処理についてサンフランシスコ講和会議が開催され、その会議でスリランカ代表であるジャヤワルダナ元大統領の演説がそれでした。この言葉を語るには、その人の優れた人格が必要です。単なる知識では多くの人々を感動させる力にはなりません。

ウクライナ侵攻はプーチン大統領の判断一つで始まり、世界を混乱に陥れています。比較とした古代日本の善政は時の天皇の慈悲の心が平和な時代を作っています。ジャヤワルダナ元大統領の例も優れた人格がそなわっていたことで、戦後の日本を救っています。すべてはリーダーの人格に左右されます。

仏教が説く「慈悲のこころ」を育むことが、個人の幸せ、家庭の幸福、国家の平和、人類の幸せにつながる道であると思います。

それには、私が幸せであることが出発点で、最終的には生きとし生けるものが幸せでありますようにと願う心が、すべての幸せにつながります。

参考文献

（1）宮崎正勝著『早わかり世界史』（日本実業出版社、2020年第15版）
（2）宇治谷孟著『日本書紀　全現代語訳』（講談社学術文庫、2021年版）
（3）宇治谷孟著『続日本紀』（講談社学術文庫、2020年版）
（4）『最新日本史図表』（第一学習社、2014年）

あとがき

「自己」という言葉は、単に「私」とか「自分」の意味に捉えていると思います。真剣に考え始めると難しい問題となり、これだけで一冊の本になるテーマです。中村元著「自己の探究」[1]では、古今東西の哲学や原始仏典を探索して、自己を探求しています。その中で「**自己を自己として意識させるものは、自分の〈心〉である。したがって、〈心〉は全宇宙を中におさめることができる。・・・「自己を知る」ということは、〈自心を知る〉と表現されることにもなる**」と述べています。

宇宙の中の人間を知ることで、生かされている自分を見出すことができるように思います。人間どのように生きたら良いのかという差し迫った問題も、最終的には自分自身で得心をするしかないと思います。

今回、書き綴ってきた内容は、私なりに仏教の学びを通して得たことを、日常生活の中の出来事に関連して、どのような生き方があるのかとの視点で考察し、自己とは、自分とは何かを探求してきました。

まえがきで書きました道元禅師の言葉を現代語に意訳して示します。

「**仏道をならうということは　自己をならうことである　自己をならうとは　自己を忘れ**

ることである　自己を忘れるとは　万法に証せられることである」

私なりの解釈で述べてみます。

「仏道をならうということは」とは、私たちが仏教を学ぶことです。その意味することは、人間の生きている真の姿は何か、生きるとはどのような意味があるのか、人生の苦しみの原因はなにか、を知りたいとの思いで学んでいると思います。この質問に答える道〈智慧〉が仏道です。この疑問の中心にあって、求めているのが「本来の自己」、「もう一人の自分」です。

「自己をならうとは、自己を忘れることである」の意味は、本来の自己を知るためには、私たちが思っている「自己」は忘れなさいと説いています。この自己は、自己中心的な自我意識の強い「私」なのです。この「自我意識」丸出しの私を手放しなさいと述べています。自我意識を手放すと、宇宙の万物を生みだし、生かしている大きな働き（万法）のなかで、生かされていることに気づくのです。これが万法に証せられている「本来の自己」を体得したことになると説いていると解釈しました。

このことの事例をＴＶのインタビューの中で、拝聴しましたので紹介します。

生きることの本質を掴んだ話

ある朝番組でゲスト出演していました女優さんが若い時は自己中心的な性格でしたと紹介されていました。その後、出産を経験した時の話に及んで、それを聞いていた私はゾクッとしました。彼女は生きることの本質を掴んだと思いました。

放送時の女優さんの話の概要を記載します。

・20代の若い頃は、１００人中99人は敵！と思ってツッパッテいて、何とか自分の気持を保っていたそうです。その彼女が子供を産んだ時、自分は食べて寝ていただけなのに、何でこんなにちゃんとした赤ちゃんが生れてくるのか。心臓は動いているし、誰が作ったのかと思った。もしかして私の心臓も誰かが動かしているのかと、それまでは自分の心臓も自分で動かしていると思う自分がいたそうです。

大きな力が自分も生かし、赤ちゃんも生かし、宇宙全体を活かしていると、ガーンと気づいたとのこと。そんな大きな強い力があり、それが自分にも届いてきているから今の自分があるのだということを出産体験で気づいたそうです。そのころから少しずつ性格が丸くなったと語っていました。

彼女は、身体の働きを、言葉や思考をはさむことなく自然な状態で受けとめて、全身で大きな力を感じたのです。そこには自分という意識はなく、あるがままに体感したのです。知識として得たのではなく、深く心で頷いたことで、強く心に残ったと思います。この体得した経験は、無意識の内に日常行動に影響を与え性格が温和になり、その後の女優人生を実りあるものにしたと考えられます。

生き方を悟った老師の言葉

大本山総持寺貫主や曹洞宗管長を歴任した板橋興宗老師(2)が生きている今に気づくことの大切さを語っています。

・今の息づかい、今、目前にものごとを見ているその事実、それが自分の「いのち」ですよというところに気づくことが重要なのです。今の事実に眼を向けさせることが大事なのです。(151頁)

・私が息をしている。私が死ぬ。私が……と、いつも〝私〟が中心になってしまうとき、それは真実から離れます。それは錯覚なのです。私は「いのちとは出会いだ」とも言います。すべて出会いです。出会っている事実がいのちです。〈時〉として積み重ねるのです。

時間というと、私たちは観念としての時の流れを連想してしまいますが、時間という存在はありません。一刻一刻が事実で、それを「縁」といったり「いのち」といったりします。……実際に「今、ここ」以外に事実はありません。今というのは、現実です。それは出会いというか「いのち」というか、その〈時〉です。それ以外にはありません。それは宇宙始まって以来の「今、ここ」です。だから「在り難し」であり、私にとっては唯一の真実です。今、ここで行なっていることに注目し、そこにいのちが息づき、現実に対面している生き方が問われているわけです。（152—153頁）

長い年月をかけて禅の修行をして到達した老師の境地と同じ経験をしたと思います。世の中には、出産を経験している多くの女性がいますが、このような体験をし、生きていることの本当の意味に気づいたことは有難いことなのです。最終の「まとめ」に素晴らしい事例を紹介出来て幸いです。

まとめの言葉を記します。

・あらゆるものは、留まることなく変化し、流動する過程（プロセス）なのです。それを仏教では無常の姿であること言っています。変化するからこそ新たな自分が生れます。変わらない「私」という実体があるように思うのは「幻想」です。真実の姿に気づくことで、怒り、苦しみ、妬み、貪りなどの感情が薄らぎ、心は安らかになります。
・「私」という閉じられた意識の中の人生が、身体と心は宇宙が生みだした「いのち」であると気づくことで、「私」が解放され、新たな人生が始まります。

10年以上継続していました輪読会も、コロナ禍で集まっての勉強会ができず終了しました。今は、元の仲間に毎月一回、資料「生きるとは何か」の小文をご参考にお送りしています。2022年10月で130回を数えました。なにごとも継続すると、大切なことばや文章が繰り返され、心に刻み付けられるので、深く心に残るようになったと感じています。元輪読会の仲間やご縁を頂いた多くの方々に感謝申し上げます。

参考文献

（1）中村元著『自己の探究』（青土社、1987年）
（2）板橋興宗・有田秀穂共著『われ、ただ足るを知る――禅僧と脳生理学者が読み解く現代』（佼成出版社、2008年）

著者　後藤一敏（ごとう　かずとし）

1941年群馬県生まれ。大学卒業後、大手電機メーカーの研究部門にて電気絶縁技術の研究・開発に従事する。60歳で定年退職して自由人となり、両親の介護の傍ら、座禅や書道、絵画を習い始める。東京・三田の龍源寺にて、松原哲明住職の座禅会および輪読会に参加しながら仏教の勉強を始める。
松原哲明住職の逝去後は、仲間と輪読会を継続。2011年２月から科学的視点を入れ、「生きるとは何か」と題した資料を作成。2022年９月で130回となる。
URL：https://www.gotokazu.com

NDC113
神奈川　銀の鈴社　2023
240頁　18.8cm（生きるとは――もう一人の自分探し――）

銀鈴叢書　2023年１月29日初版発行
本体2,000円＋税

生きるとは
――もう一人の自分探し――

著　　者　後藤一敏
発 行 者　西野大介
編集発行　㈱銀の鈴社　TEL 0467-61-1930　FAX 0467-61-1931
〒248-0017　鎌倉市佐助1-18-21　万葉野の花庵
https://www.ginsuzu.com
E-mail　info@ginsuzu.com

ISBN978-4-86618-139-4 C0010
落丁・乱丁本はおとりかえいたします。

印　刷・電算印刷
製　本・渋谷文泉閣